엄마의
포옹기도

# 엄마의
## 포옹기도

아이와 엄마가 함께 자라는 하루의 기도시간

오선화

지우

: 차례 :

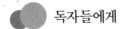

## 독자들에게

이 책의 저자는 '포옹'의 달인입니다. 힘든 고민과 삶의 어려움 앞에 방황하는 아이들, 상담이 필요한 부모와 교사들이 있는 곳이면 어디든 달려가 그들의 얘기를 들어주고 마음을 나눕니다. 저자에게 포옹은 단순히 팔을 벌려 누군가를 안아주는 행위 그 이상입니다. 차가 끊긴 늦은 밤에도 그녀를 부르는 아이들에게 지체 없이 달려가는 것, 밤새 그들의 얘기를 들어주고 함께 울고 웃는 것, 그들의 어렵고 곤란한 상황 앞에 과감히 나서는 것⋯⋯. 이 모든 행동이 저자의 포옹입니다.

저자의 포옹은 저자와 만난 이들의 상처를 감싸고 마음을 위로합니다. 써나쌤은 그녀를 만난 이들에게 전해지는 하나님의 선물입니다. 그런데 이 땅 모든 엄마들의 포옹이 이와 같습니다. 엄마의 포옹은 생명의 시작을 알리고 밤낮 없는 아이들의 울음을 달래며, 사춘기의 격변과 성장통을 어루만집니다. 중년의 좌절을 보듬고 새로운 시작을 독려하며 움츠러든 어깨를 활짝 펴줍니다. 엄마의 포옹은 자녀와 가정을 살리고 병든 세상을 치유하는 하나님의 손길입니다.

그 어떤 포옹보다도 엄마의 포옹은 특별합니다. 이 책은 그런 엄마의 품을 세상에서 가장 따뜻하고 행복한 기도의 처소로 만들어 줍니다. 저자가 정갈히 엮어낸 따뜻한 이야기와 그 이야기에 맞는 아름다운 기도의 글들을 엄마와 아이가 함께 읽는 것만으로도, 그 시간은 복된 기도의 시간이자 행복한 성품 수업시간이 될 것입니다.

이 땅에 모든 엄마들에게 진심 어린 존경과 감사의 마음을 전합니다. 모든 것을 품어내는 엄마의 포옹은 우리를 위해 죽으신 예수 그리스도의 섬김을 가장 잘 보여줍니다. 우리의 친구가 되어주신 예수님처럼(요 15:15) 자녀에게 가장 소중하고 지혜로운 벗(智友, 지우)이 되어줄 모든 엄마들을 축복합니다.

지우

# 매일 포옹하며 말해 주세요.
# 넌 최고의 선물이라고……

아이를 낳기 전에 상상 속에서 저는 참 좋은 엄마였습니다. 아이를 학교에 보내기 전에 일찍 일어나 앞치마를 두르고 식사를 준비합니다. 다정한 말로 아이를 깨우고 식탁에 나란히 앉아 대화를 나눕니다. 학교에 보낼 때는 포옹한 채로 축복기도를 하고 다정하게 인사를 건넵니다. 그래요, 상상 속에서만 저는 그런 엄마였습니다.

현실은 저의 상상을 그대로 보존할 수 있게 만들어 주지 않았지요. 절대 열리지 않으려는 눈꺼풀을 억지로 열고 반쯤 감긴 눈으로 아침을 준비합니다. 소리를 지르며 아이를 깨우고 아침도 빨리 먹으라고 말하며 서둘러 아이를 내보냅니다. 그리고 다시 이불 속으로 들어가 기도합니다. 아침에 푹 잘 수 있었으면 좋겠다고요. 그래요, 현실 속에서 저는 이런 엄마입니다.

이 책을 쓰며 거짓말을 하고 싶기도 했습니다. 상상 속의 제 모습처럼 살고 있다고 말하고 싶었거든요. 자녀를 유명한 대학에 보내고 후일담을 쓰는 엄마처럼 어깨를 으쓱하고 싶기도 했습니다.

하지만 저는 솔직해지고 싶습니다. 제가 잘하고 있으니 여러분도 잘 하라고 가르치는 게 아니라 저도 잘 못하고 있으니 우리 함께 잘해보자고 말하며 여러분의 손을 잡고 싶습니다.

우리는 현실 안에 있지만 사실 잘 하고 싶잖아요. 따뜻하고 다정한 엄마로 살고 싶은데 현실이 받쳐주지 않을 뿐이죠. 하지만 이제 그만 투덜거리고 싶지 않나요? 투덜거리기 아까울 만큼 시간은 빨리 가고 아이는 시간보다 더 빨리 자라잖아요. 우리, 투덜거림을 던져 버리고 바로 오늘부터 함께 해봤으면 좋겠습니다.

아침에는 아이를 꼭 안아주며 한 마디 축복기도를 하고 인사를 건네는 겁니다. 아이가 학교에서 돌아오면 짧은 이야기 하나 건네고 기도 한 번 하는 거죠. 우리는 불과 10분을 투자했을 뿐인데 아이는 서서히 알게 되겠지요 엄마가 자신을 얼마나 사랑하는지……. 배 속의 아이가 아주 작은 점이었을 때부터 우리는 알고 있었잖아요. 이 세상에 태어나 받은 선물 중의 최고는 바로 우리 눈 앞에 있는 이 아이라는 것을요.

우리 함께 최고의 선물을 안고 말해줄까요? 넌 정말 최고의 선물이라고. 그 이야기를 들은 최고의 선물이, 바깥에서 지친 마음을 엄마의 품에서 녹일 수 있도록…….

오선화 드림

웃으세요,
당신은 이미 좋은 엄마입니다.

## 1부

아이의 성품을 위한,
포옹기도

## 어떤 상황에서도 사랑해

한 소년이 있었어. 그는 가족을 설명할 때 이렇게 얘기했지. "저희 가족은 네 명이에요. 엄마, 아빠, 저와 제 동생 맥스랍니다." 그 소년이 동생이라고 말하는 맥스는 강아지였어. 소년에게 가족 소개를 받았던 사람들은 소년이 강아지를 얼마나 사랑하는지 느낄 수 있었지.

그러던 어느 날 맥스를 진찰하던 수의사가 말했어. "맥스는 암에 걸렸어요. 집에서 눈을 감을 수 있게 하는 게 좋지 않을까요?" 소년의 부모님은 어린 소년이 걱정되었어. 동생처럼 사랑하던 맥스를 눈앞에서 잃게 해도 괜찮을까? 한참동안 고민을 했지만 소년이 그 과정을 지켜보는 게 좋을 것 같다고 생각했어. 맥스가 숨을 거두는 날 소년은 마치 마지막 인사를 나누는 것처럼 맥스를 오래도록 쓰다듬었어. 그리고 잠시 후 맥스는 평온하게 숨을 거두었지. 소년은 혼란스러움과 어려움 없이 맥스의 죽음을 받아들이는 것 같았어. 소년의 부모님은 참 다행이라고 생각했지. 하지만 소년이 무슨 생각을 하며 견디고 있는지는 알 수 없었어. 하지만 며칠이 지난 후에 소년의 생각을 알 수 있었지.

며칠 후 부모님의 친구들이 찾아왔어. 그들은 동물이 사람들보다 왜 짧은 생을 사는지, 그것이 얼마나 슬픈 일인지에 대해 이야기를 나누고 있었지. 소년은 조용히 어른들의 대화를 듣고 있다가 말했어. "전 왜 그런지 알아요." 어른들은 모두 소년을 쳐다보았지. 소년은 차분하게 말을 이어갔어. "사람은 태어나서 어떤 상황이라도 모든 사람들을 사랑하고 서로에게 사랑을 베풀며 살아가는 법을 배우잖아요. 아무리 오래 살아도 그걸 다 배우지 못하니까 오래 머무는 거예요. 맞죠?" 어른들은 고개를 끄덕였어. "하지만 동물들은 그걸 미리 알고 태어나기 때문에 이곳에 오래 머물 필요가 없는 거예요." 소년의 말에 어른들은 큰 감동을 받았고 소년의 엄마는 소년을 꼭 껴안았어.

우리도 그런 거 같아.

서로 사랑하며 살아가는 법을 배우기 위해

이곳에 머물고 있지.

우리가 생각하는 것보다 더 많이 사랑하며

살아야 한다는 걸, 잊지 말자.


우리가 먼저 사랑하고

또 그 사랑을 나누며 살자.


어떤 상황에서도 사랑해, 하나님이 주신 보물!

° 포옹기도

사랑의 하나님, 감사해요.

오늘 나의 보물 같은 아이와

사랑에 대한 이야기를 나누었어요.

더 많이 사랑하지 못한 것이 미안한 마음이 드네요.


오늘보다 내일 더 사랑하고

내일보다 모레 더 사랑하며 살게요.


더욱 사랑하며 살아야 한다는 사실을 깨닫게 해주신

주님을 잊지 않고 살아갈게요.


사랑합니다

감사합니다, 나의 주님.


° 등굣길, 한마디 포옹기도

오늘도 서로 사랑하는 하루가 되도록 해주세요.

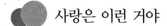 **사랑은 이런 거야**

미국에 한 중년 부부가 있었는데 아내의 시력이 너무 나빠서 눈 수술을 하게 되었어. 그런데 이를 어째. 수술이 잘못되어 실명하게 된 거야. 아내는 갑자기 찾아온 고통을 받아들이기 힘들었지만, 그래도 남편의 꾸준한 보살핌으로 다시 웃을 수 있었어. 아내는 다시 직장에 나가고 남편은 매일같이 아내를 직장에 데려다 주고 나서 출근했지. 퇴근시간도 맞춰서 아내의 회사로 가서 집까지 함께 왔어.

그런데 어느날 갑자기 남편이 아내에게 서로 직장이 너무 멀어서 이제는 못 데려다 준다며 혼자 출근하라고 말했어. 아내의 마음에는 서운함이 불쑥 찾아왔지. 그리고 다음 날 아내는 남편이 조금은 도와줄 거라고 생각했는데 남편은 먼저 인사를 건네고 출근해버렸어. 아내는 너무 화가 났어. 남편이 자신을 배

신했다고 생각하며 이를 악물고 혼자 출근을 했어. 지팡이를 짚고 버스를 타러 가면서 몇 번이나 넘어졌지. 눈물을 훔치며 일어나 다시 걷는데 또 넘어졌어. 하루도 혼자 출근할 수 없을 것 같았지. 하지만 그래도 하루하루 지나면서 점점 나아졌지. 그렇게 1년이 지나고 이제는 혼자 출근하는 일이 익숙해졌어. 시간이 지나니 남편도 너무 힘들어서 그랬을 거라는 생각이 들었고, 남편을 이해하게 되면서 다시 사이좋게 잘 지냈지.

그러던 어느 날 버스를 올라타는데 버스 운전기사가 말을 건넸어. "부인은 참 축복받은 사람입니다." 아내는 고개를 갸우뚱거리며 그게 무슨 말이냐고 물었지. 눈도 보이지 않아 매일 지팡이를 짚고 어렵게 버스에 오르는 자신에게 '축복'이란 단어는 어울리지 않는다고 생각했거든. 그런데 운전기사는 환하게 웃으며 아내가 받은 축복에 대해 말해주었어. "매일 남편이 버스에 함께 앉아 있어주고 부인이 직장 건물에 들어가는 순간까지 지켜보다가 등 뒤에서 손도 흔들어주잖아요. 그 얼마나 큰 축복입니까? 저는 그 모습을 매일 볼 때마다 감동한답니다."

참 감동적인 사랑이지?


사랑은 이렇게
상대방에 맞게
상대방을 더 위하며
상대방이 더 발전할 수 있도록 돕는 거야.


이런 사랑은 참 아름다운 색이야.


상대방에게 꼭 필요한 방법으로
자신을 희생하는 사랑에는
참 아름다운 색이 입혀지거든.

° 포옹기도

언제나 아름다운 사랑을 건네주시는 하나님,
때로는 하나님의 마음을 잘 헤아리지 못하고
저희 마음대로 하나님의 마음을 섣불리 판단했음을
고백하고 회개합니다.

저희가 예상할 수 없는 사랑을 주시는데
저희는 저희가 생각할 수 있는 만큼의 사랑만 받는 것처럼
착각할 때가 참 많음을 고백하고 회개합니다.

아마 평생을 살아도
하나님의 아름다운 사랑을 다 알 수는 없겠지요.

그러나
그 사랑을 알기 위해 매일 노력하며
가족과 친구들에게
그 사랑을 전하며 살겠습니다.

그리고
하나님을 사랑하고
이웃을 섬기며 살겠습니다.


° 등굣길, 한마디 포옹기도

선생님과 친구들을 사랑하며 배려하는 사람이 되기를
원합니다.

# 좋은 성품

마더 테레사 수녀님, 알지? 평생을 인도의 가난하고 병든 사람들을 돌보며 함께 울고 함께 웃었던, 노벨평화상을 수상한 그 수녀님 말이야. 오늘은 그 수녀님의 이야기를 해줄게.

테레사 수녀님은 함께 일할 사람을 선발할 일이 많았어. 아무래도 오래도록 인도에 머물며 그들을 돕다보니 함께 일할 사람도 많이 필요했겠지? 오랫동안 한 마음으로 봉사해준 사람들도 많았겠지만, 짧게 일하고 금방 떠난 사람들도 많았을 테니까 말이야.

수녀님은 사람을 뽑을 때마다 신중했어. 일손이 부족하니 일하겠다는 사람이라면 무조건 받을 수도 있었을 텐데 수녀님의 선발 기준은 아주 유명했지. 수녀님이 유명해서 그 기준까지 유명한 걸까? 아니, 그게 아니라 수녀님이 일할 사람을 선발하는 기준이 아주 특별해서 그런 거야. 도대체 무슨 기준이었는지 궁금하지? 지금 이야기 해줄게.

수녀님은 사람을 뽑을 때 얼마나 똑똑한지, 얼마나 공부를 많이 했는지, 이런 건 묻지 않았어. 면접을 보는 내내 딱 세 가지만 보았지. 좋은 대학을 나왔나요? 좋은 형편인가요? 체력이 좋은가요? 뭐, 이런 질문을 했냐고? 아니, 그런 질문은 하지 않고 딱 세 가지를 관찰했어.

그 세 가지는 '잘 웃고 잘 먹고 잘 자는 것'이야. 사실 그건 사람을 뽑을 때만 제시했던 기준이 아니야. 테레사 수녀님 자신의 삶에도 적용했던 기준이었지. 수녀님은 그 세 가지를 꼭 실천하며 살려고 노력했대. 그것은 어려운 사람들을 섬기는 데 꼭 필요한 '좋은 성품'이기 때문이야.

그래,

일에 관한 지식은 금방 배울 수 있지만

성품은 쉽게 익힐 수 있는 것이 아니거든.

좋은 성품은 차근차근 잘 쌓여진 탑과 같아.

잘 웃고 잘 먹고 잘 자는 것.

우리도 그런 '좋은 성품'의 사람이 되기 위해

차근차근 성품의 돌을 쌓아보자.


오늘도

잘 웃는 돌 하나

잘 먹는 돌 둘

잘 자는 돌 셋


하나씩 탑을 쌓아보는 거야.

° 포옹기도

하나님,

아이를 키우면서 알게 되었어요.

아이가 잘 웃고 잘 먹고 잘 자는 모습만 봐도

부모의 마음이 행복해진다는 것을요.

하나님의 마음도 그러시겠지요?

그 마음을 오늘 우리 아이를 안으며 느껴봅니다.


우리 아이가 잘 웃고 잘 먹고 잘 자며

좋은 성품의 사람으로 자라나는 동안

하나님이 지켜주시고 보호해주시며

제가 줄 수 있는 것보다 더 큰 사랑을 주시리라 믿어요.


그리고 저도 많이 사랑할게요.

하나님이 저에게 맡겨주신 보물을

아낌없이 사랑할게요.


언제나 감사하고 사랑합니다, 주님.


° 등굣길, 한마디 포옹기도

잘 웃고 잘 먹고 잘 자는 오늘이 되게 해주세요.

## 속마음을 가꾸자

자, 오늘은 새들의 왕을 뽑는 날이야. 제우스 신이 새들의 왕을 뽑기 위해 모든 새들에게 정해진 날짜에 모일 것을 명했거든. 그 날이 바로 오늘인 거야.

새들은 모두 아름답게 치장을 하고 나타났어. 제우스 신이 가장 아름다운 새를 왕으로 뽑을 거라고 말했거든. 오늘 모인 새 중에 가장 자신감이 넘치는 새는 갈까마귀였어. 정말 아름다운 여러 깃털들을 온 몸에 붙이고 있었거든.

새들은 갈까마귀를 힐끔거리며 제우스 신 앞에서 줄지어 행진을 했어. 갈까마귀도 그들 속에 끼어 있었지. 화려한 깃털 덕분에 가장 눈에 띄었어. 제우스 신의 눈에도 그랬나 봐. 제우스 신은 갈까마귀에게 왕의 자리를 주려고 앞으로 불렀어.

그런데 그때 다른 새들이 갈까마귀에게 달려들어 각자 자기의 깃털을 뽑아 갔지 뭐야. 갈까마귀는 못생긴 자신의 모습이 싫어서 다른 새들의 깃털을 주워서 온몸에 붙였던 거였거든.

　　갈까마귀는 금세 본래의 모습으로 돌아갔고, 너무 부끄러운 마음에 그 자리를 서둘러 빠져나왔지 뭐야.

갈까마귀가 자신의 모습을 사랑하고
자신의 본래 모습대로 가서
당당하게 있었다면 어땠을까?

그 당당함에
왕이 될 수도 있었을 거야.
왕이 되지는 못했더라도
이렇게 부끄러운 일은 없었겠지.

사람들은 외모로 판단하지만
하나님은 마음의 중심을 보신다고 하셨어.

겉모습보다 속마음이 중요해.
우리는 겉모습보다 속마음을 더 가꾸자.

° 포옹기도

마음의 중심을 보시는 하나님,

사무엘상 16장 7절 말씀을
묵상해 봅니다.

여호와께서 사무엘에게 이르시되
그의 용모와 키를 보지 말라
내가 이미 그를 버렸노라
내가 보는 것은 사람과 같지 아니하니
사람은 외모를 보거니와
나 여호와는 중심을 보느니라 하시더라

사람의 겉모습이 중요한 세상이에요.
사람들은 얼굴을 고치고
더 예뻐지는 것에 열심을 다하지만,
하나님을 믿는 저희들은
외모보다는 마음의 중심이 중요함을
잊지 않아야 하겠지요.

겉모습보다 속마음이 예쁜
겉모습보다 속마음을 더 열심히 가꾸는
그리스도인이 되고 싶습니다.

° 등굣길, 한마디 포옹기도

하나님이 보시기에 예쁜 속마음을 갖게 하소서.

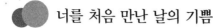# 너를 처음 만난 날의 기쁨

엄마가 널 처음 만났을 때 말이야. 어떤 기분이었는지 알아? 엄마 배 속에 아주 작은 점 만한 네가 생겼다는 소식을 접했을 때 말이야.

초음파 영상을 통해 널 처음 만났지. 그 때 말이야. 이 세상에 아주 환한 빛이 한 줄기 비추는 것 같은 기분이었어. 그리고 엄마 배 속에 있던 네가 밖으로 나오던 날, 널 처음으로 품에 안던 그 순간에는 정말 세상을 다 가진 것 같은 기분이었단다.

무슨 말인지 잘 모르겠지? 그럼 더 자세히 이야기 해줄게. 『네가 태어난 날에는 곰도 춤을 추었지』라는 동화가 있어. 책의 제목처럼 아기가 태어난 날의 기쁨을 표현한 책이야. 엄마가 갓 태어난 아기를 품에 안게 되면 정말 북극에 있는 곰까지 아기의 이름을 들고 춤을 출 것 같은 기분이거든. 그런 기분을 아름다운 언어로 잘 표현한 책이야. 이 책을 읽다보면 하나의 생명이 태어났다는 건 정말 기쁜 일이라는 생각이 들어. 아마 아무리 아름다운 말로 표현해도 그 날의 기쁨을 다 표현할 수 없을 거야.

잘 이해하기 힘들지? 아마 그럴 거야. 엄마 품에 처음 안긴 그 날이 기억나지 않을테니까. 하지만 엄마는 기억해. 그 따뜻한 감촉, 그 뽀송한 느낌…… 세상을 다 준대도 바꾸지 않을 너를 처음 만난 날, 엄마는 아무 것도 부러울 게 없었어. 책에서 나오는 것처럼 하늘이 온갖 트럼펫과 뿔피리를 연주하듯 더없이 멋지고 근사한 날이었지.

엄마는 정말 잊지 못할 거야. 네가 태어난 그 날의 기쁨을 그리고 지금 너와 마주하고 있는 이 기쁨도 잊지 않을게.

너도 잊지 마,

네가 태어난 그 날처럼

지금도 너와 함께한 날들은

아주 큰 기쁨을 준다는 걸.

너는 정말 소중하고 보배로운 아이라는 걸.


OO야,

내 사랑스런 보물

우리 가정에 찾아 온 최고의 축복

지금도 네 이름을 부르면

북극곰이 춤을 출 것만 같아.

° 포옹기도

하나님,

우리 아이를 처음 만난 날

정말 꿈만 같던 그 날의 기쁨을

가끔 잊게 되는 것 같아요.


이 아이를 품에 안던 그 날의 감동을

또 이렇게 매일 마주하고 있음이 얼마나 큰 기쁨임을

자꾸 잊으면서도

어떻게 잊을 수가 있을까 하는 생각도 드는 걸 보면

사람이 참 어리석은 것 같아요.


힘이 들고 어려운 시간을 지날 때도

우리가 함께하는 기쁨을 잊지 않게 해주세요.


바쁘고 지친 마음이 들 때에도

하나님께서 이 아이를 선물해 주신 그 날을 기억하며

다시 또 힘을 내게 해주세요.


무엇보다 하나님의 사랑을 잊지 않게 해주세요.


° 등굣길, 한마디 포옹기도

자신이 얼마나 소중한 존재인지 기억하게 해주세요.

## 용기있는 희생

미국 달러에는 여러 인물이 새겨져있어. 그 중에 대통령이 아닌 인물은 10달러에 새겨진 '알렉산더 해밀턴'과 100달러에 새겨진 '벤자민 프랭클린'. 이 두 명 뿐이지. 오늘은 벤자민 프랭클린의 이야기를 들려줄게.

그는 높은 지위에 오르지는 않았지만, 미국 독립에 중요한 역할을 했어. 그리고 그는 피뢰침을 발명하기도 했지. 피뢰침은 번개를 도중에 차단하여 그 전류를 지하로 전송시킴으로써 벼락의 피해로부터 건물을 보호하는 금속 막대야.

프랭클린은 천둥과 번개가 전기의 작용임을 확신하고 실험을 계획했지. 천둥 번개가 치는 날 연에 철사를 매달고 띄우는 거야. 죽음을 각오해야 하는 위험한 일이었지만 번개로 인해 건물이 파괴되고 사람들이 죽어가는 걸 두고 볼 수 만은 없었지.

프랭클린은 높은 건물에 있는 무언가가 번개를 흡수해서 땅으로 흘러 보낸다면 앞으로는 번개 때문에 걱정할 필요가 없을 거라고 판단했어. 만약 그 판단이 맞다면 연에 달아놓은 철사에 벼락이 흡수되어 연줄을 타고 흘러서 연줄 끝에 매단 열쇠에 불꽃이 일거라고 생각했지. 그리고 실험에 들어간 거야.

하지만 한 번에 되지는 않았어. 천둥 번개가 치는 날마다 연에 철사를 매달고 띄웠지. 그리고 몇 번을 반복한 끝에 철사에 벼락이 흡수되었고 열쇠에 불꽃이 일었지. 결국 실험에 성공한 거야.

우리가 지금

천둥 번개가 쳐도 편안하게 살 수 있는 건

벤자민 프랭클린 덕분이라는 걸 알게 되었지?


그래,

처음에 무언가를 실험하고

누군가 앞서 하지 않은 일을 시도한다는 건

참 큰 용기가 필요했을 거야.


벤자민 프랭클린 뿐만 아니라

우리가 미처 알지 못하는 사람들의 용기있는 희생이

지금 우리의 삶을 이렇게 편하게 만들어주었음을

감사하며 살아가자.

° 포옹기도

하나님,

아무래도 가장 용기있는 희생은

예수님이 우리를 위해 십자가에 못박히신 일이겠지요.


아들을 내어주신 하나님과

우리를 위해 기꺼이 큰 고통을 감당하신 예수님께

감사해요.


그리고 우리가 알지 못하지만

우리보다 앞선 삶을 살면서

다음 세대인 우리를 위해

용기있는 희생을 보여준 분들께 감사해요.


우리가 이렇게 편하게 살 수 있는 건

누군가의 용기있는 희생 때문이라는 걸

잊지 않을게요.


° 등굣길, 한마디 포옹기도

불평보다는 감사를 먼저 떠올리게 해주세요.

## 🔵 기쁨을 함께

옷가게들이 늘어서 있는 어느 골목에 A가게가 있었어. 그 옷가게 주인은 옷을 아주 싸게 팔았지. 혹시 근처 가게에 똑같은 옷이 들어오면 직원을 시켜서 가격을 알아오게 했어. 그리고 가격표를 더 싸게 고쳤지. 근처 가게보다 오백 원이라도 싸게 팔아야 손님이 많을 거라고 생각했던 거야. 정말 A가게는 다른 곳보다 가격이 저렴했어. 그런데 신기하게도 손님이 별로 없었지.

그 골목에서 가장 손님이 많은 곳은 J가게였어. A가게 보다 적게는 천 원, 많게는 삼천 원이나 비싼데도 이상하게 사람이 많았지. A가게 주인은 그 이유가 궁금해서 직원에게 심부름을 시켰어. 그 가게에서 나오는 사람에게 왜 여기서 물건을 사는지 물어보라고 했어. 설문조사를 하는 것처럼 꾸며서 말이야.

직원은 주인이 시키는대로 J가게 앞에서 서성이며 기다리다가 가게에서 나오는 손님에게 물었어. "저는 설문조사 기관에서 나왔습니다. 여기 옷가게가 열 개도 넘는데 J가게에서 옷을 구입하신 이유가 있습니까?" 손님이 대답했지. "제가 여기 있는 옷가게들을 다 들어가 봤는데요, 이 가게 주인이 가장 잘 웃습니다." 직원은 고개를 갸우뚱하며 다시 물었어. "아니, 옷 가격이 싸야 더 좋은 거 아닌가요?" 손님은 씩 웃으며 대답했지. "기분 좋은 사람에게 물건을 사고 싶어요. 그럼 즐거움을 함께 살 수 있거든요."

　손님이 떠나고 직원은 J가게 안을 들여다보았지. J가게 주인은 정말 활짝 웃으며 친절하게 설명을 하고 있었어. 직원은 그제야 고개를 끄덕이며 돌아갔어.

정말 그런 거 같아.

기분 좋은 사람에게 물건을 사고 싶고

웃고 있는 친구와 대화를 나누고 싶잖아.

물건과 즐거움을 함께 살 수 있다면

대화와 기쁨을 함께 느낄 수 있다면

정말 좋을 거야.


어때?

대화와 기쁨을 함께 느끼게 해주는

사람이 되어보는 거 말이야.

한 번 노력해볼까?

° 포옹기도

기쁨의 하나님,

당신을 만나고 참 기쁨을 알았지요.

잠시 잠깐 웃는 것이 아니라

마음이 웃음을 머금고 있는 느낌,

잔잔하면서도 깊은 그 기쁨을 주어서

참 감사해요.


우리 아이도 그 기쁨을 깨닫고

아이의 입 뿐만 아니라 마음도 웃음을 머금고 있기를

바라고 기도해요.


그 마음으로 친구들을 대하며

다정한 대화를 건네고

기쁜 마음을 선물하는 사람이 되기를

원하고 기도해요.


기쁨의 하나님,

언제나 우리 곁에

함께해 주셔서 참 감사해요.


° 등굣길, 한마디 포옹기도

친구와 기쁨의 대화를 나누는 하루가 되게 해주세요.

## 착한 생각을 옮기는 것

'착한 자판기'라고 들어봤어? 자판기가 어떻게 착하냐고? 신기하지? 거짓말 같지만 진짜야. 진짜 '착한 자판기'가 있대. 어디에 있냐고? 우리나라는 아니고 터키에 있어. 더 정확히 말하면 터키 최대의 도시인 이스탄불에 있지. 잘 들어 봐. 이제부터 착한 자판기의 이야기를 들려줄게.

이스탄불에는 약 15만 마리의 버려진 개와 고양이들이 있어. 그래서 터키의 한 기업이 이들에게 사료를 주기 위해 자판기를 개발한 거야. 그러니까 주인이 없이 길을 헤매는 개와 고양이에게 '무료'로 사료를 주는 자판기인 거야.

자판기가 어떻게 사료를 주냐고? 자판기 투입구에 재활용 쓰레기를 넣으면 자판기 하단에 있는 접시에 사료와 물이 나온대. 평소에 시민들이 이곳에 쓰레기를 넣어두면 접시에 사료가 쌓이게 되고 지나가는 동물들이 먹을 수 있는 거지.

정말 착한 자판기지? 아마 세계 최초로 착하다는 칭찬을 들은 자판기일 거야.

착한 생각을 실행에 옮기니까

이렇게 '착한 자판기'가 탄생할 수 있었네.

그게 중요한 거 같아.

실행에 옮기는 것.

아무리 착한 생각이라고 해도

그저 머릿속에만 머물면

소용이 없잖아.


착한 생각을 실행에 옮겨

'선행'을 베푸는 사람이 되자.

'선행'은 착한 행실을 말하고

'행실'은 실제로 드러나는 행동을 말해.

실제로 행동하지 않으면 아무리 착한 생각을 해도

선행을 베푼 게 아닌 거야.

° 포옹기도

사랑의 하나님,

아무리 착한 생각을 해도

그것을 실행하지 못하면

자신만을 위하는 이기적인 사람과

별로 다르지 않은 것 같습니다.


이웃을 배려하고

약자를 돌보기 위해

착한 생각을 하고

그것을 실행하는 사람이 되기를 원합니다.


그렇게 선행을 베풀며

하나님이 우리에게 주신 그 큰 사랑을

조금이라도 갚을 수 있는 사람이 되기를 원합니다.


° 등굣길, 한마디 포옹기도

친구를 위해 선행을 베푸는 아이가 되게 해주세요.

# 실수를 권유할게

아인슈타인은 역사상 최고의 물리학자야. 그가 개발한 상대성 이론은 시간, 거리, 에너지 등에 대한 개념을 완전히 바꿔놓았지.

그는 누구나 인정하는 천재였어. 그런 그가 두 가지 소원이 있다고 말했지. 그 소원은 무엇이었을까? 더 좋은 이론을 개발하는 거였을까? 평생 최고의 물리학자로 남는 거였을까? 아니, 그런 게 아니었어.

그는 두 가지 소원에 대해 이렇게 말했지. "첫째는 남은 생애에 더 많은 실패를 거듭할 수 있게 해달라는 것입니다. 두 번째 소원은 내가 저지르는 모든 실수가 헛되지 않도록 해달라는 겁니다. 내가 실수를 더 많이 할수록 더 적극적으로 되고, 그것은 곧 더 현명해진다는 것입니다. 그러니 저는 남은 생애에 점점 더

활동적이고 현명해질 수 있을 겁니다."라고 말이야.

그는 상대성 이론을 개발하면서 수많은 실수를 거
듭했지. 그러나 그 실수들은 아인슈타인이 상대성 이
론을 발견하는 데 핵심적인 역할을 했어. 그는 실수
를 하지 않은 사람은 한 번도 새로운 시도를 하지 않
았다는 거라며, 사람들에게 계속해서 새로운 시도를
하고 실수를 하며 발전하라고 권유했지.

실수를 두려워하지 마.

누구나 실수는 할 수 있는 거야.

아니,

꼭 실수를 해야 해.


실수를 하면서 깨달아지고

그 깨달음을 토대로 더 노력하면

훨씬 더 발전할 수 있는 거니까.

° 포옹기도

실수가 없으신 하나님,

가끔 하나님처럼

실수가 없으면 좋겠다는 생각을 합니다.


너무 많은 실수들로 인해

내 모습이 초라해 보이기도 하고

실수 없이 성공하고 싶은 마음이 들기도 합니다.


하지만 실수는

정말 좋은 경험이고

더 높이 뛸 수 있도록 놓여있는 발판이라는 것을

다시 한 번 마음에 새깁니다.


우리 아이가

실수를 했다고 좌절하지 않고

다시 일어나 힘차게 나아갈 수 있기를 원합니다.


° 등굣길, 한마디 포옹기도

"실수해도 괜찮아."라고 말하는 엄마가 되게 하시고,

실수해도 괜찮은 아이가 되게 하소서.

## 맘의 눈을 열어

크리스토퍼 더플리. 그 아이는 뇌가 충분히 자라지 못해 시력을 상실한 채로 태어났어. 또 자폐증을 갖고 있었지. 부모는 더플리를 감당할 수 없어 위탁 가정에 맡기고 사라졌어. 15개월 후 더플리의 고모가 더플리를 찾아내어 입양했지. 고모는 더플리를 하나님의 선물로 여기며 정성을 다해 길렀어. 고모는 더플리가 말을 할 수 있기를 바랐지. 하지만 더플리는 초등학교 1학년 때까지 말을 하지 못했어. 고모는 어떻게 하면 더플리의 말문을 틀 수 있을까 고민하다가 피아노를 가르쳤어. 신기하게도 더플리는 음악에 흥미를 보였어. 고모는 그런 더플리를 보고 기뻐하며 열심히 피아노를 가르치며 노래도 들려주었지.

그러던 어느 날 더플리는 처음으로 말문을 열었어. 말이 아니라 노래를 먼저 했으니까 '노래문'이라고 해야 할까? 연주를 하면서 노래를 부르는 더플리를 보며 고모는 감격에 젖었지.

시간이 흘러, 소년이 된 더플리는 자신의 목소리를 담은 앨범을 냈어. 더플리의 고모는 "눈으로만 모든 것을 볼 수 있는 것이 아니라고 하나님이 말씀하셨던 것처럼 온 마음을 통해 세상을 볼 수 있다는 것을 더플리를 통해 배웠다."고 말했어.

더플리는 무대에 오를 때 고모부의 손을 잡고 나오곤 해. 고모부는 이 아이가 우리 집에 온 순간부터 축복이었다고 말해. 고모부가 더플리를 소개하고 무대 아래로 내려가면 더플리는 침착하게 노래를 불러. 참 은혜롭고 감동적인 장면이지. 더플리가 잘 부르는 노래가 있어. 그 노래의 제목은 '내 맘의 눈을 여소서'야.

눈이 보이더라도

마음의 눈이 열리지 않으면

소용없겠지?


사랑은

마음의 눈으로 보는 거니까

우리도 마음의 눈을 열어 달라고 기도하자.

사랑을 잘 보고, 배우고, 나눌 수 있게.

° 포옹기도

　사랑의 주님,

　내 마음의 눈을 열어주세요.


　보여지는 것으로 판단하지 않고

　상대방의 마음을 헤아릴 수 있고

　주님의 뜻을 알아챌 수 있도록

　내 마음의 눈을 열어주세요.


　사람들의 행동에 휘둘리지 않고

　주님의 마음을 느끼며 행할 수 있도록

　내 마음의 눈을 열어주세요.


　세상의 힘보다

　하나님의 능력을 의지하며

　세상의 즐거움보다

　하나님이 주신 기쁨을 느끼며

　주님과 동행할 수 있도록

　내 마음의 눈을 열어주세요.



° 등굣길, 한마디 포옹기도

　마음의 눈을 열고 주를 보며 살 수 있기를

　축복하고 기도합니다.

**괜찮아, 시작해 봐!**

1874년 파리, 한 전시회를 관람하고 있는 사람들은 깜짝 놀랐어. 이전의 그림들과 너무 다른 그림 한 점이 걸려 있었거든. 그 그림은 사물의 윤곽을 뚜렷하게 표현하지 않았고 사물의 멀고 가까운 정도도 분명하지 않았어. 또 하나 특이한 점은 검은색을 사용하지 않았다는 거야. 어둠 속에서 해가 떠오르는 모습을 그렸으니 어둠도 표현해야 했거든. 그런데 검은색을 사용하지 않고 어둠을 표현했다는 건 그 시절에는 정말 혁신적인 일이었어.

어떤 사람들은 혀를 쯧쯧 차며 말했지. "이건 도대체 무슨 이상한 그림이지?" 어떤 사람들은 실망한 표정으로 말했어. "이건 아무렇게나 그린 거 같잖아." 사람들을 그렇게 놀라게 한 그림의 제목은 〈인상, 해돋이〉. 당시 서른네 살이던 화가, 모네의 작품이었어.

그 그림은 해가 돋는 바로 그 순간의 느낌, 그러니까 밤과 아침이 만나는 짧은 순간의 인상을 그린 거야. 모네는 꼭 밤이 검은색은 아니라고 생각했어. 단지 빛과 그림자의 색채 문제일 뿐이라고 여겼지. 비평가들은 모네의 이런 점이 맘에 들지 않았어. 풍경은 없고 순간의 인상만 남아있는 그림이라고 비웃기도 했지.

하지만 나중에 말이야, 이 책의 제목에도 나와 있는 두 글자, 또한 비평가들이 비웃을 때도 사용되었던 두 글자인 '인상'이라는 단어가 유명해졌지. 그 전시회를 열었던 화가들의 화풍, '인상주의'를 나타내는 말이 되었거든.

남들이 하지 않은 것을 할 때는
더욱 용기가 필요하지.

하지만 무엇이든
처음 만든 사람이 있는 거잖아.

내가 하고 싶은 일이
남들이 하지 않았던 일이라고
겁 낼 필요는 없어.

두려움을 설렘으로 바꾸고
시작해 보자.

시작은
그 자체만으로도 빛나는 거니까.

° 포옹기도

이 세상을 시작하신 하나님,
하나님은 두렵고 떨리는 마음 없으셨죠?
아담과 하와를 만들 때도
설레는 마음이셨죠?
그러셨을 거 같아요.

그런데 저는 아니에요.
떨리고 두려워요.

학교에서 새로운 과목을 배울 때
새 학기가 시작될 때
새 친구를 사귈 때
마음이 쿵쾅거려요.

두려움은 하나님이 주시는 마음이 아닌데
자꾸 두려움이 마음에 가득 차요.

두려움을 설렘으로 바꿔주세요.
시작할 수 있는 용기를 주세요.

하나님이 원하시는 시작을 할 수 있도록
축복해 주세요.


° 등굣길, 한마디 포옹기도

오늘도 하나님 손 잡고 씩씩하게 생활하게 해주세요.

## 잘 생각해야 해

'삼년고개'라는 옛 이야기가 있어. 어느 마을에 어느 고개가 있었는데 그 고개 이름이 '삼년고개'야. 왜 '삼년고개'냐고? 그 고개에서 넘어지면 삼 년 밖에 못 산다는 이야기가 전해져 내려오고 있었거든.

사람들은 그 고개를 넘어야 할 때마다 살살 걸으며 넘어지지 않기 위해 엄청 노력했지. 똘이네 할아버지도 그랬어. 삼년고개를 넘을 때는 다리에 힘을 팍 주고, 넘어지지 않으려고 노력하며 살금살금 걸었어. 그래서 매번 넘어지지 않고 잘 넘어갔는데 그만! 딱 한 번 넘어지고 만 거야. 그 날 밤에 똘이네 할아버지는 드러눕고 말았지. 삼 년 밖에 못 산다는 사실이 너무 슬퍼서 밥 맛도 없고 힘도 없었거든. 그런 할아버지를 보다 못한 똘이는 가장 똑똑한 친구에게 이야기를 했어. 할아버지가 삼년고개에서 넘어져서 너무 슬퍼하시는데 어떻게 해드려야 할지 모르겠다고 말이야.

그러자 친구는 대뜸 할아버지에게 가자고 했어. 똘이는 친구를 데리고 할아버지에게 갔지. 친구는 할아버지에게 말했어. 삼년고개에 가서 또 넘어지라고 말이야. 할아버지는 한 번 넘어진 것도 속상한데 왜 또 넘어지라고 하냐며 호통을 쳤지.

그러자 친구는 활짝 웃으며 말했어. "할아버지, 삼년고개에서 한 번 넘어지면 삼 년을 산다면서요? 그럼 두 번 넘어지면 육 년, 세 번 넘어지면 구 년, 네 번 넘어지면 십이 년이지 않겠어요?" 그 말을 들은 할아버지는 벌떡 일어나서 삼년고개로 뛰어갔어. 그리고 넘어지고 또 넘어지고 또 넘어졌지. 그 날 밤이 될 때까지 깔깔 웃으면서 넘어지고 또 넘어졌대.

모든 일은 생각하기 나름이야.

어떤 문제를 해결하는 건

그 문제가 없어지거나 바뀌어서가 아니야.


그 문제를 바라보는

너의 마음과 생각에 달린 거지.


그러니까

잘 생각해야 해.


어떻게 생각하냐에 따라

문제를 해결할 수도 있고

해결되지 않아도 괜찮을 수 있거든.

° 포옹기도

언제나 우리를 바라보시는 주님,

우리의 시선이 하나님께 고정되기를 원합니다.


세상의 문제에 시선을 두고

한숨을 쉬고 고개를 떨구는 삶이

아니기를 바랍니다.


문제가 생겼다고

어쩔 줄 몰라 하지 말고

어떤 시선으로 보고

어떻게 생각해야 할지

지혜롭게 판단할 수 있도록 도와주세요.


잘 생각하고

문제를 해결할 수 있도록

문제가 해결되지 않아도

주님께 우리의 시선이 있으므로

괜찮다고 말할 수 있기를 바랍니다.


° 등굣길, 한마디 포옹기도

잘 생각할 수 있는 지혜를 주세요.

## 세상의 등불, 배려

어느 청년이 여행을 가는 중이었어. 그는 지도를 보며 길을 찾고 있는데 지도가 잘못된 건지 길이 나오지 않는 거야. 아름다운 호수를 보고 푸르른 언덕을 보고 나서 하룻밤 묵을 곳을 찾으려고 했거든. 그런데 아름다운 호수만 보고 푸르른 언덕으로 가는 길을 찾지 못한 거야.

날은 어두워지고 아무리 봐도 푸르른 언덕은 나오지 않았어. 지도를 자세히 보며 다시 길을 찾았지만 작은 마을만 나올 뿐이었지. 우선 묵어갈 수 있는 여관이라도 찾을 수 있으면 좋을텐데 아무 것도 보이지 않으니 찾을 수 없었지. 어떻게 하면 좋을까 고민을 하고 서 있다가 다시 천천히 걸어갔지.

그 때 저 앞에서 등불이 보이는 거야. 청년은 너무

반가운 마음에 등불이 있는 쪽으로 바삐 발걸음을 옮겼지. 가까이 가 보니 한 노인이 등불을 들고 걸어가고 있었어. 청년은 대뜸 다가가 물었지. "여행을 하는 중인데 길을 잃었습니다. 오늘 하루 묵을 곳을 찾는데 혹시 이 근처에 여관이 있을까요?" 노인은 자신을 따라오라고 했어. 자신의 집 가까이에 여관이 있다고 말이야. 청년은 감사하다고 꾸벅 인사하고는 노인을 따라갔지.

청년은 한참을 따라가다가 노인에게 물었어. "자세히 보니 앞이 안 보이는 분이시네요. 그런데 왜 등불을 들고 가시는 거죠?" 노인은 환하게 웃으며 대답했어. "이 등불은 나를 위해서 들고 다니는 게 아니에요. 다른 사람들이 나를 보지 못하고 부딪힐까 봐 들고 다니는 거죠."

내가 아니라
상대방의 입장을 생각하고 배려하는 마음은
세상의 등불이야.

그 등불 하나 하나가 모이면
세상은 정말 환해질 거야.

우리도
그 하나의 등불이 되어보면 어떨까?

° 포옹기도

　내 마음의 등불이 되시는 하나님,

　우리 아이는
　자신만 생각하는 사람이 되지 않게 하시고
　자신보다는 상대방을 생각하고 배려하는
　사람이 되게 해주세요.

　다른 사람들을 위한 일이라면
　자신이 조금 불편하더라도
　웃으며 할 수 있는 사람이 되게 해주세요.

　꾀를 부리며
　조금 덜 일하는 사람이 아니라
　다른 사람보다 조금 더 일하며
　최선을 다할 수 있게 해주세요.

　하나님이 우리의 등불이신 것처럼
　우리도 하나님의 마음을 환하게 비출 수 있는
　사람이 되고 싶습니다.


° 등굣길, 한마디 포옹기도

　자신보다 상대방의 마음을 더 생각하는
　하루를 보내게 해주세요.

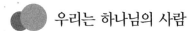

# 우리는 하나님의 사람

어떤 마을에 교회를 열심히 다니는 남자가 있었어. 그 남자는 주일예배를 한 번도 빠지지 않았지. 참 친절하고 다정한 사람이었어. 그런데 교회 안에서만 그랬어. 교회 밖에서는 침을 뱉고 거짓말을 하고, 무례한 행동을 일삼는 사람이었어. 동네 사람들은 그 남자를 무척 싫어했지.

어느 날 동네 사람들이 모여서 그 남자에 대해 얘기를 했지. 빵집 주인이 말했어. "그 남자가 저번에는 사가지고 갔던 빵을 반이나 먹고 다시 가져와서 맛이 없다며 물어달라지 뭡니까?" 꽃집 주인은 말했어. "저희 집에서는 꽃 향기를 한참 맡더니 꽃 같지도 않다면서 나갔어요." 동네에서 가장 나이가 많은 할머니가 말했어. "나랑 부딪혔을 때는 미안하다는 말도 안하고 지나가더라고. 교회는 대체 왜 다니는 건지 사람이 너무 예의가 없어." 사람들은 그 남자에게 불만이 많았어. 하지만 그 남자는 뭐가 문제인지 몰랐어. 여전히 교회에서는 친절하게, 교회 밖에서는 불친절하게 행동했지.

얼마 후 그 남자가 다니는 교회의 목사님이 남자를 불렀어. 사실은 동네 사람들이 그 남자에 대해 얘기할 때 마침 길을 지나던 목사님이 그 얘기를 다 듣고 말았거든. 목사님은 며칠 동안 고민하다가 남자에게 조언을 했어. 교회 안에서 뿐만 아니라 밖에서도 한결같이 친절한 사람이 되어야 한다고 말이야. 그러자 그 남자가 말했어. "목사님, 그게 무슨 말씀이십니까? 저는 주일마다 꼬박꼬박 교회에 다니는 경건한 사람입니다." 목사님이 말했지. "성도님, 식물원에 매일 간다고 해서 그 사람이 식물원에 있는 아름다운 화초가 되는 건 아닙니다."

교회에 매주 간다고 해서
우리가 좋은 사람이 되는 건 아니야.

밖에서도 우리의 행동이
한결같아야 하지.

하나님을 주일만 믿는 게 아니잖아.
우리는 매일 하나님의 사람이잖아.

° 포옹기도

  항상 우리와 함께 하시는 하나님,

  하나님은 교회에서 뿐만 아니라
  밖에서도 매일매일 우리를 만나주시는 분이니까
  우리도 매일매일 하나님을 만나는 사람처럼
  행동을 조심해야 할 것 같아요.

  교회에서 예배드리는 시간만 착하고
  밖에서는 다른 사람과 다를 게 없다면
  너무 부끄러운 일이겠지요.

  예배시간에만 주님을 만나는 사람처럼 굴지 않고
  매일 주님을 만나는 사람답게 행동할 수 있도록
  노력할게요.

  하나님이 저희 때문에 부끄럽지 않도록
  사람들에게 교회 다니는 사람이
  왜 저러냐는 소리를 듣지 않도록
  교회에서 배운 예수님의 성품을 닮은
  사람이 되도록 노력할게요.

  하나님이 우리의 모습을 보시고
  흐뭇하게 웃으실 수 있었으면 좋겠어요.


° 등굣길, 한마디 포옹기도

  예수님의 성품을 닮게 해주세요.

## 우리에게 주어진 감사

남아프리카 공화국 첫 흑인 대통령이자 노벨평화상을 받았던 넬슨 만델라 대통령은 세상에서 가장 오랜 감옥살이를 한 대통령이야. 백인 정권의 인종차별 정책에 맞선 투쟁을 이끌다가 잡혀갔거든. 그는 자그마치 27년을 감옥에서 살았어.

그가 감옥에서 나오던 때, 그의 나이는 칠순이 다 되었어. 사람들은 노쇠하고 허약한 모습으로 나올 그를 상상하며 기다렸지. 정말 오랫동안 감옥에 있다가 나오는 사람들은 다 허약한 상태로 나왔어. 그런데 만델라는 아니었지. 누가 보기에도 아주 건강해 보였어.

이를 의아하게 여긴 기자가 물었지. "다른 사람들은 5년만 감옥에 있다가 나와도 건강을 잃어버리는 게 보통인데 어떻게 27년 간 감옥살이를 하시면서 이렇게 건강하실 수 있습니까?" 만델라는 껄껄 웃으면서 대답했어. "나는 감옥에서도 감사하는 마음으로 살았습니다. 하늘, 땅, 물 어느 하나 감사하지 않은 것이 없었습니다. 심지어는 강제 노동을 할 때도 감사한 마음으로 했습니다. 감옥에서 가만히 있으면 운동 부족 상태가 될텐데 강제 노동을 통해 나를 운동시켜주는 것이 얼마나 감사한 일입니까?"

감사는

더 받아야만 할 수 있는 것이 아니라

이미 받은 것을 받았다고 말하는 거야.


이미 우리에게 주어진 것을 봐.

공책도, 필통도, 연필도, 옷도, 신발도, 사랑도

다 여기 있잖아.

° 포옹기도

감사합니다, 주님.

우리는 이미 많은 것을 받았습니다.


하지만 그것을 세어보지 못하고

계속 손만 내밀며

더 달라고,

조금 더 많아야 행복할 것 같다고 말했습니다.

어리석었던 그 마음을 회개합니다.


감사합니다, 주님.

어쩌면 이미 우리에게 필요한 모든 것을 주셨는데

우리는 부족하다고 투덜대기만 했습니다.

그 불평 가득한 마음을 회개합니다.


감사합니다, 주님.

이미 주신 모든 것을 잘 받았습니다.

이미 충분히 주셨음에 감사의 인사를 드립니다.


° 등굣길, 한마디 포옹기도

불평보다는 감사를 먼저 떠올리는 하루를 보내게 해주세요.

# 잘 할 수 있어!

'비글'이라는 강아지 알아? 축 늘어진 귀와 눈을 가지고 있는 강아지야. 눈을 치켜뜨고 쳐다보는 모습이 인상적이지. 비글은 악마견이라는 별명이 있는데 그건 사실이 아니야. 엄청 쾌활하고 명랑한 성격이라 그런 오해를 받는 거지. 오히려 착하고 유순한 성격 때문에 사람을 잘 따르는 강아지야. 그래서 동물실험을 할 때 많이 쓰여.

동물실험은 뭐냐고? 화장품, 생활용품 등을 사람들에게 판매하기 전에 동물들을 대상으로 실험하는 거야. 제품을 사용할 때 이상이 발생하는지, 부작용은 없는지 동물들에게 먼저 실험해 보는 거지. 그런데 그 방법이 매우 잔인해. 동물들을 우리에 가두고 먹이도 주지 않고 화학약품을 눈과 피부에 바르지. 매년 동물실험으로 인해 죽어가는 동물이 150만 마리나 된대. 그래서 세계 각지에서 동물실험 반대 운동이 일어나고 있어. 그 중 철창에 갇혀있는 비글을 풀어주는 '비글 프리덤 프로젝트'가 있어. 동물실험에 많이 이용되는 비글 뿐만 아니라 다른 실험 동물들에게도 평범한 삶을 살 수 있도록 도와주자는 운동이야.

그 운동이 처음으로 시작되던 날, 한 번도 실험실 밖으로 나와본 적이 없는 아홉 마리의 비글들이 생전 처음으로 햇살이 내리쬐는 뜰로 나왔어. 처음으로 빛을 보고 흙을 밟는 비글들은 불안해 보였어. 사람들은 그런 비글들을 안쓰럽게 바라보며 비글들이 계속 불안해할까 봐 걱정에 휩싸였어. 하지만 곧 그런 걱정을 날려보낼 수 있었어. 비글들은 곧 자유를 만끽하며 맘껏 뛰어다니기 시작했거든.

언제나 '처음'은 불안해.

해보지 않은 일을 할 때는

마음이 묻거든.

"잘 할 수 있겠니?"


그럴 때, 우리는 자신있게 대답하기 어렵지.

해보지 않은 일이니까.


하지만 할 수 있어.

해보았던 사람만큼은 아니지만

처음 하는 사람치고는 아주 잘 할 수 있어.


그러니까

불안해하지 말고 맘껏 뛰어 봐.

너에게 주어진 자유,

너에게 주어진 기회의 뜰에서.

° **포옹기도**

하나님,
어떤 불안함이든
불안함은 하나님이 주시는 마음이
아니라는 걸 알고 있어요.

그래서 불안함이 다가오면
그냥 지나치려고 하는데도
그게 잘 안될 때가 많아요.

마음이 잘 할 수 있냐고 물을 때
고개를 저을 때가 많아요.

하지만 그러고 싶지 않을 때가 더 많아요.

불안함을 물리치고
하나님이 주신 자유와 기회를 누리며
처음이지만 자신감 있게 해보고
용기 내서 더 많은 경험을 할 수 있도록
도와주세요.

불안함보다 먼저
주님이 주신 용기를 만나고 싶어요.


° **등굣길, 한마디 포옹기도**

불안함을 멀리하고 자신감과 용기를
가까이 할 수 있기를 바라요.

## 포옹기도를 위한, 축복미션

휴대폰에 저장되어 있는 아이의 이름 앞에
축복의 말을 덧붙여 주세요.

소중한, 귀한, 자랑스러운, 빛나는⋯⋯
어떤 것이어도 좋습니다.

예) 소중한 우리 딸, 빛나는 아들 민수,
　　자랑스러운 딸 지연이, 귀한 아들

아이의 필통에 몰래 편지를 써서 넣어주세요.
간단한 쪽지나 메모여도 좋습니다.


아이는 엄마의 편지를 확인하고
세상을 다 가진 것처럼 기뻐할 거예요.


예) 사랑하는 딸아,
    엄마는 네가 세상에서 제일 사랑스러워.
    멋진 아들아,
    엄마는 네가 세상에서 제일 멋져.

2부

가정과 생활을 위한,
포옹기도

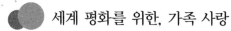

## 세계 평화를 위한, 가족 사랑

저번에 얘기했던 마더 테레사 수녀님, 기억나지? 그 수녀님 이야기 하나 더 해줄게. 수녀님은 1979년 노벨 평화상을 받았는데 시상식에도 평소와 같이 흰색 사리를 입고 늘 신고 있던 샌들을 신고 나타났어. 언제나 겸손한 모습인 수녀님을 보며 사람들은 큰 감동을 받았지.

그런데 그 시상식 날은 더 큰 감동이 숨겨져 있었어. 바로 수녀님이 상금을 받으면서 했던 한 마디였지. 세계적인 상의 상금이니 엄청 큰 돈이었을 텐데 아마 그걸 받으면 우리는 뭘 먼저 살지 고민했겠지? 그런데 수녀님은 역시 달랐어. 수녀님은 상금을 받자마자 "이 돈으로 빵을 몇 개 살 수 있을까요?"라고 물었어. 그 상금을 자신이 돕고 있던 가난한 사람들에게 빵을 나눠주는 데 다 쓰고 싶었던 거야. 그리고 실제로 그렇게 했어. 게다가 시상식을 하고 나서 만찬을 여는데 그 만찬을 거부하고 그 비용으로 가난한 사람들을 도와달라고 부탁했지.

진짜 감동적이지? 그런데 아직 그 날 있었던 가장 큰 감동은 말하지 않았어. 또 감동적인 일이 있었냐고? 응, 물론이야. 그 감동은 기자의 질문으로 시작되었어. 어느 기자가 인터뷰 중에 물었어. "세계 평화를 위해 어떤 일을 할 수 있을까요?"라고 말이야. 그런데 수녀님이 뭐라고 대답했는지 알아? 아마 기자는 가난한 사람들을 많이 도우라든지, 재산을 기부하라든지 그런 대답을 예상했을 거야. 그런데 수녀님은 전혀 예상할 수 없는 대답을 했어. 무슨 대답이었냐고? 지금 말해줄게. 잘 들어 봐.

수녀님은 이렇게 대답했어. "세계 평화를 위해 어떤 일을 하고 싶다면 먼저 집에 돌아가 가족을 사랑해 주세요."라고 말이야.

정말 예상 밖의 대답인데
정말 큰 감동을 주었지?
큰 일을 하고 싶어도
항상 지금 할 수 있는 작은 일부터
시작하는 게 정답인 거 같아.
큰 일을 바로 할 수는 없지만
작은 일부터 시작하는 건 할 수 있잖아.

우리도 가족을 사랑하며 살아보자.
세계 평화를 위해서 말이야.

° 포옹기도

평화의 하나님,

아직도 세계 여러 나라에는

평화를 이야기할 수 없는

어려운 사람들이 너무나 많습니다.


저희가 먼저 가족을 사랑하며

그 사랑으로 이웃을 사랑하고

평화를 이야기할 수 조차 없는

사람들에게도 사랑을 전하는

가족이 되기를 원합니다.


먼저 할 수 있는 작은 일로 시작하지만

여기서 그치는 것이 아니라

계속 할 수 있는 일을 찾고 실행하며

사랑을 전파하며 살 수 있기를 바랍니다.


평화를 주장하는 하나님,

바로 당신처럼요.


° 등굣길, 한마디 포옹기도

가족과 이웃을 사랑하는 우리가 되게 해주세요.

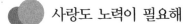

## 사랑도 노력이 필요해

서로를 진심으로 사랑하던 어느 연인이 있었어. 그 연인은 만난지 15개월이 지나서 결혼을 했지. 그런데 신혼여행을 가다가 교통사고를 당했어. 남편은 곧 깨어났지만 부인은 깨어나지 못했지. 먼저 깨어난 남편은 부인을 정성스럽게 간호하며 곧 깨어나기를 간절히 기도했어.

한 달 후 그의 기도가 이루어졌지. 부인이 드디어 눈을 뜬 거야. 남편은 이제 슬픔 끝, 행복 시작이라고 생각했지. 하지만 또 다른 슬픔이 그를 기다리고 있었어. 부인은 남편을 만나 사랑했던 15개월의 시간을 기억하지 못했어. '부분 기억상실증'이라는 병에 걸린 거야. 남편은 부인이 기억해 내기만을 기다렸어. 그러나 부인은 남편을 피했어. 처음 본 남자가 자신에게 와서 이상한 소리를 한다고 생각했거든. 사랑을 했던 기억도 나지 않는데 자신과 사랑을 나누었다고 하고, 결혼한 기억은 더더욱 나지 않는데 자신이 남편이라고 하니 말이야. 부인은 자신 곁에 있는 낯선 남자가 빨리 떠나주기를 바랐지.

하지만 남편은 포기할 수 없었어. 그래서 다시 시작하기로 결심했지. 곧 부인은 퇴원했고 남편은 혼자 있는 부인을 찾아가 자신의 사랑을 이야기했어. 하지만 부인은 그를 무시하고 외면했지. 그를 밀어내기도 하고 그에게 싫다고 말하기도 했어. 하지만 남편은 매일 그녀를 찾아가 사랑한다 말하고 데이트를 신청했어. 그리고 2년 후 부인은 다시 남편의 사랑을 받아들였지. 나중에 이들의 사랑 이야기는 '서약'이라는 영화로 만들어지기도 했어.

사랑의 마음은
우리 마음 속에 저절로 들어갔지만
사랑을 유지하는 건
노력이 필요해.

우리 가족은
서로를 향한 사랑을 유지하기 위해
많이 노력했으면 좋겠어.

사랑한다고 말하고
상대방이 기뻐할 일을 만들고
함께 하는 시간을 만들면서 말이야.

° 포옹기도

　언제나 우리와 함께해 주시는 하나님,

　우리 가족도 함께하며
　하나님을 사랑하고
　서로를 사랑하기를 바라요.

　서로가 기뻐할 수 있는 일을 만들고
　함께하는 시간을 늘리고
　서로 이야기를 나누며
　서로의 마음을 알기 위해 노력할게요.

　서로의 마음을 아는 데에서만 그치지 않고
　어제보다 오늘 더 사랑하기 위해 힘쓸게요.

　주님, 사랑합니다.

　이렇게 사랑스러운 가족을 주셔서
　많이 감사합니다.


° 등굣길, 한마디 포옹기도

　우리 가족이 어제보다 오늘 더 서로 사랑하게 해주세요.

## 🔵 사랑의 힘

어느 날 희귀한 혈액형을 가진 다솜이는 급히 수술을 하기 위해 수술실에 들어갔어. 하지만 피를 많이 흘려서 얼른 수혈을 해야만 했지.

먼저 식구들 중에서 같은 혈액형을 가진 사람이 있는지 검사했어. 다행이도 그 아이의 동생인 다우가 같은 혈액형을 가지고 있었지. 의사는 다우에게 친절하게 설명했어. "다우야, 지금 형이 몹시 아프단다. 어쩌면 하늘나라로 갈지도 몰라. 그러지 않기 위해서는 네가 형에게 피를 조금 나눠주어야 겠구나. 조금 아프겠지만 형이 살 수 있는 최선의 방법이란다. 피를 나눠줄 수 있겠니?" 다우는 고개를 숙이고 한참 생각을 하더니 고개를 들고 끄덕였어. 의사는 "결정을 해주어 고맙구나."라고 말하고 다우의 팔에 주삿바늘을 꽂았어. 다우는 눈을 질끈 감고 있다가 눈을 다시 뜨고 피가 빠져나가는 것을 물끄러미 보았지.

　그러다가 갑자기 겁이 나서 울음을 터뜨렸어. 부모
는 다우를 달랬고 다우는 곧 울음을 그치고 다시 눈
을 감았어. "애야, 다 끝났다." 의사 선생님이 말했지
만, 다우는 눈을 뜨지 않았어. 의사는 왜 눈을 감고
있느냐고 물었지. 다우가 말했어. "하늘나라에 갈 준
비를 하고 있어요." 주변에 있던 모든 사람들이 놀랐
어. 다우는 울먹이며 말했어. "내가 피를 뽑아서 형에
게 주면 나는 죽는 거잖아요." 의사가 물었어. "애야,
그럼 넌 네가 죽을 거라고 생각하면서 헌혈을 왜 한다
고 했니?" 다우가 말했어. "전 형이 좋거든요."

다우는 정말 대단하지?


형을 위해
자신은 죽을 각오를 하고
피를 뽑아준 걸 보면 말이야.


정말 사랑의 힘은 대단한 거 같아.

° 포옹기도

사랑이 많으신 하나님,

우리 가족이
정말 사랑하고
사랑의 힘을 느끼며 실천하는
가족이게 하옵소서.
주님의 사랑 안에서
하나의 맘으로 사랑하며
서로의 손을 꼭 잡고
서로를 응원하는
가족이게 하옵소서.

언제나 주님의 사랑을 느낍니다.
언제나 주님의 자비를 느낍니다.

그 사랑과 자비가
언제나 우리 안에 있어서
강같은 평화와
샘솟는 기쁨이 넘쳐 흐르는
가정이게 하옵소서.

° 등굣길, 한마디 포옹기도

넌 주의 사랑 안에서 모든 걸 할 수 있을 거야.
응원하고 축복한다.

## 함께 아파하는 마음

2014년 7월 17일 말레이시아 여객기가 미사일을 맞아서 추락했어. 안타깝게도 사망한 사람이 298명이나 되었는데 그 중 네덜란드인은 193명이었지.

네덜란드는 나라 전체가 슬픔에 잠겼어. 국왕과 왕비는 초라한 의자에 앉아서 슬픔을 감출 수 없는 표정으로 그들의 시신이 도착하기만을 기다렸지. 그들의 시신을 실은 비행기가 착륙할 때는 모든 지역의 교회 종이 울렸어. 미리 대기하고 있던 군인들은 그들의 시신을 최고급 영구차에 실었고, 그들을 실은 수십 대의 영구차들은 거대한 모터케이드를 이루었어. 모터케이드는 행사를 할 때 중요한 사람을 태운 차량들이 천천히 나아가는 행렬을 말해. 하지만 그들은 중요한 사람들이 아니었지. 그저 보통 사람들이었고 어이없는 참사의 피해자들일 뿐이었지.

하지만 네덜란드 정부는 국민 한 명 한 명이 소중하다고 여기며 그들의 희생을 함께 아파했어. 영구차들이 지나가는 길에는 수천 명의 사람들이 나타나 그들을 애도했고 경찰 오토바이들이 그들을 경호해 주었어. 그리고 여기저기에 그들을 위한 조기가 걸렸지.

온 나라가 한 마음으로
함께 아파하는 게 느껴지지?


함께 아파하는 마음.


그건
우리가 함께 사는 데 꼭 필요한 마음인데
어려운 건 아니지만
쉽지도 않은가 봐.


자주 잊어버리는 것 같아.
우리는 더불어 함께 살아가야 하는데 말이야.

° 포옹기도

사랑합니다, 하나님.
사랑합니다, 아버지.

아버지의 마음과 같아지기를
아버지의 손을 잡고 동행하기를
언제나 바라지만
저희가 먼저 아버지의 손을 뿌리치고
아버지의 마음을 알려고 하지 않을 때가
더 많음을 고백합니다.

함께해 주세요, 아버지.
당신의 마음을 알게 해주세요, 하나님.

당신의 마음을 닮아
함께 아파할 수 있기를
더불어 함께 살아갈 수 있기를
소망합니다.

이웃들의 아픔을 함께할게요, 아버지.
당신의 길을 따라갈게요, 예수님.


° 등굣길, 한마디 포옹기도

더불어 함께 살아가며, 함께 아파할 수 있는
사람이기를 바랍니다.

# 99에 감사하기

옛날 아주 먼 옛날에 가난한 요리사가 있었어. 그는 아주 부잣집의 주방에서 일을 했는데 그 집의 주인은 그가 참 신기했어. 자신은 많은 재산을 가져도 행복하지 않은데 그는 재산도 별로 없는데 항상 행복해보이는 거야. 매일 싱글생글 웃으며 휘파람을 불었지.

어느 날 주인은 요리사에게 물었어. 뭐가 그렇게 즐겁냐고 말이야. 요리사는 엉글엉글 웃으며 대답했지. "당연히 행복하지요. 비바람을 피할 수 있는 방이 있고 배부르게 먹을 수 있는 음식이 있습니다. 게다가 저는 일을 할 수 있고 일을 해서 아내와 아이를 먹여 살릴 수 있지요. 가족은 저에게 정말 큰 힘이 됩니다. 제가 돈을 많이 벌지 못해도 제 가족은 항상 만족하며 기뻐하거든요. 그러니 당연히 행복할 수 밖에 없지요." 주인은 그의 이야기를 듣고 큰 감동을 받았어.

그리고 한참 고민을 하다가 그에게 선물을 주기로 했지. 무슨 선물이냐고? 바로 금화 100개야. 요리사의 한 달 월급이 금화 2개였으니 100개면 엄청 큰 돈이지? 주인은 가난해도 행복했던 요리사가 엄청 더 행복해졌을 거라고 생각하며 뿌듯했지.

그런데 예상치 못한 일이 생겼어. 요리사가 처음으로 얼굴을 찌푸린 거야. 금화를 아무리 세어봐도 99개였거든. 부자가 동전을 잘못 세어 금화 한 개가 빠진 거야. 그렇다고 얼굴을 찌푸렸냐고? 응, 그랬어. 요리사는 혹시나 자신이 금화 한 개를 어딘가에 떨어뜨렸나 싶어 정신없이 금화를 찾았어. 그러나 금화는 보이지 않았고 그는 생각했지. 얼른 열심히 일해서 금화 100를 채워야겠다고 말이야. 다음 날 아침 요리사는 금화를 찾아 헤매느라 피곤했던 탓에 늦잠을 자고 말았어. 그리고 아내에게 짜증을 냈지. 자신을 깨우지 않아서 금화를 벌 귀중한 시간을 잃었다면서 말이야. 그는 아침식사도 제대로 하지 않고 출근해서 미친 듯이 일했어. 예전처럼 싱글생글 웃지도, 휘파람을 불지도 않고 오직 금화 한 개를 채우기 위해서 말이야.

우리는 매일 부족한 것을 생각하고
부족하다고 말하지만
어쩌면 우리에게 부족한 건
100이 아니라 1이 아닐까?

이미 99는 채워져 있는데
마치 100이 다 없는 것처럼
슬퍼하고 있는 건 아닐까?

어쩌면 우리는
정신없이 1을 채우려고 하다가
우리에게 주어진 99에 감사해야 할 시간을
잃어버린 건 아닐까?

° 포옹기도

언제나 우리의 필요를 살피는 하나님,

우리는 무엇을 달라고 말하면서

하나님이 주신 것은 잊고 있었어요.


우리의 필요를

누구보다 더 세심하게 살피신다는 걸 알면서도

자꾸 더 필요하다고 조르기만 했어요.


우리가

우리에게 주어진 99를 감사하며

부족한 건 100이 아니라 1임을 깨닫기를 원합니다.


없는 것을 불평하기보다

있는 것에 감사하고 만족하며 살기를 원합니다.


감사합니다, 아버지.


° 등굣길, 한마디 포옹기도

우리가 이미 가지고 있는 것, 우리에게 이미 주신 것을

감사하며 살게 해주세요.

## 고마워, 함께 있어줘서

『내가 고맙다고 말하니까』라는 동화가 있어. 그 책은 아이가 엄마의 손을 잡고 교회에 가는 장면으로 시작해. 엄마의 손을 잡고 있는 아이의 마음이 반짝거리지.

그래서 아이는 해와 꽃에게 고맙다고 말해. 따뜻한 햇살을 주고 달콤한 향기를 뿜어줘서 고맙다고 말이야. 바람에게는 시원하게 불어줘서 고맙다고, 개미에게는 부지런하게 일해줘서 고맙다고 말하지. 아이가 고맙다고 말하니까 모두 밝게 웃고 아이의 마음은 다시 반짝거려. 아이는 교회 선생님에게도, 친구에게도, 하나님에게도 고맙다고 말하지.

그리고 하나님의 따뜻한 품속에 안겨서 다시 마음이 반짝거린다고 말해. 아이는 기분이 좋아 하늘을 날고 이제는 온 세상이 웃음을 짓지. 그게 고맙다는 말의 힘이 아닐까? 무엇을 받아서 고맙기도 하지만 받지 않아도 그저 있어주는 것만으로도 고마운 해와 달과 가족이 있지. 꼭 고마운 일이 일어나서가 아니라 우리가 이렇게 매일 숨쉴 수 있는 것만으로도 참 고마운 일인 거야.

사랑한다는 말처럼

고맙다는 말은 힘이 있어.


물론 말하지 않아도 알 수 있지만

말을 하면 마음이 반짝거리는 효과가 있어.


OO야, 고마워!

이렇게 가까이 함께 있어줘서

정말 많이 고마워.

° 포옹기도

하나님, 감사해요.

하나님, 고맙습니다.


사실 매일 고마운데

사실 매일 감사한데

말하지 못해서 죄송해요.


고마운 마음이 있어도

자꾸 말하면 더 좋은 건데

그걸 자꾸 잊어버려요.


이제는 자꾸 말하려고 노력할게요.

고마워요, 감사해요.

이렇게 가까이 항상 함께 계셔주셔서

정말 많이 고맙습니다.


° 등굣길, 한마디 포옹기도

고마워, 네가 있는 것만으로도 주님께 감사해.

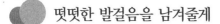

## 떳떳한 발걸음을 남겨줄게

옛날 어느 마을에 동이라는 소년이 살았어. 동이는 매일 슬펐어. 매일 밤마다 아버지가 술에 잔뜩 취해서 들어오셨거든. 어느 날은 마구 소리를 지르기도 하고 어느 날은 동이를 깨워서 화를 내기도 하셨지. 동이는 아버지 때문에 매일 울상이었어. 눈물을 흘리다가 잠이 든 날도 많았지.

그러던 어느 겨울날 아버지는 또 술을 잔뜩 마시고 들어와 화를 내시더니 맨발로 나가셨어. 소복히 눈이 쌓인 길 위에 자국을 남기면서 비틀비틀 걸어갔지. 동이는 아버지가 무슨 사고라도 당할까 봐 걱정이 되어서 아버지의 뒤를 쫓아갔어. 아버지는 술집으로 들어갔고 멀찌감치 쫓아가던 아들은 문밖에서 서성거렸어. 아버지는 또 술을 한 병 마시고 밖으로 나왔지. 그런데 술집 문 옆에 동이가 추위에 떨며 서 있는 거야. 아버지가 놀라서 물었어. "눈 위에는 내 발자국 밖에 없는데 언제 따라온 거니." 동이는 벌벌 떨면서 말했어. "아버지의 발자국 위로 걸어왔어요."

아버지는 그 순간 자신의 발자국을 보며 처음으로 후회를 했어. 아들이 자기가 밟은 길을 그대로 따라온다는 사실을 깨달은 거야. '나는 평생 아들에게 비틀거리는 걸음만 따라오게 했구나.' 아버지의 머릿속에 이런 생각이 떠오르자 아버지의 눈에서 뜨거운 눈물이 흘러 내렸어. 그리고 아들을 부둥켜 안고 진심으로 사과했지. 동이는 "아버지, 괜찮아요."하며 오히려 아버지의 등을 토닥거려 주었어.

자식은 부모의 걸음을 따라온다는 사실을
엄마도 깨달았네.

엄마도 정직하고 선한 발걸음을,
정의롭고 평화로운 발걸음을 남기며 걸을 수 있도록
노력할게.

네가 엄마의 발걸음을 따라오더라도
떳떳하게 감사할 수 있었으면 좋겠어.

° 포옹기도

하나님,

언제나 하나님의 발걸음을 따라가며

하나님의 자녀로 당당한 삶을 살 수 있기를

바라고 원해요.


하나님의 발걸음에

우리의 발걸음이 포개진다면

참 좋겠어요.


가끔 우리가

비틀거릴 때가 있다면

하나님의 강한 팔로 꼭 잡아주세요.


하나님의 뒤를 따라

그 발걸음을 잘 따라갈 수 있기를

바라고 원해요.


° 등굣길, 한마디 포옹기도

하나님의 발걸음을 잘 따라가는 아이가 되게 하옵소서.

## 최고의 일상

뉴욕의 사진작가 조던 매터는 20년 동안 운동에 집중했던 야구선수였어. 그런데 서른이 넘어 사진을 배우고 쉰이 되어 사진작가로 활발하게 활동하기 시작했어. 야구 선수가 어떻게 사진작가가 되었냐고? 프랑스의 사진작가 앙리 카르티에 브레송의 사진 전시를 보고 그의 사진에 반해서 사진을 찍기 시작했대.

조던 매터는 공중으로 뛰어오르는 무용수의 움직임을 순간포착하는 사진작가로 유명해. 그의 사진들을 보면 정말 같이 뛰고 싶어지지. 그의 사진 속 주인공들은 대걸레로 청소를 하면서도 뛰어오르고, 사진을 찍으면서도 뛰어오르고 강아지와 산책하면서도 뛰어올라.

그런데 특이한 건 뛰어오르는 장소가 무대가 아니

라는 거야. 조던 매터는 우리가 일상에서 접할 수 있는 평범하고 흔한 장소를 선택해. 오히려 더 힘들겠지? 무용수가 공연하는 무대에서 사진을 찍으면 편할 텐데 말이야.

그리고 무용수가 뛰어오르는 모습을 순간 포착하기 위해 조던 매터는 백 번이고 이백 번이고 같이 뛴대. 그렇게 사진을 찍다 보면 참 힘이 들 거야. 그렇다고 그의 작품에 '힘겨움'이 묻어나는 건 아니야. 그의 사진을 보고 있으면 재미있고 즐겁고 행복해져. 그의 사진에는 긍정의 힘이 있지. 그의 사진을 보며 무엇보다 신기한 건 우리가 매일 접하는 일상의 평범하고 익숙한 장소들이 최고로 멋져 보인다는 거야.

그는 정말 일상의 순간들이
생애 최고의 순간이라고 생각하며 사진을 찍는대.

그의 생각처럼
어쩌면 최고로 멋진 순간은
특별한 일이 일어날 때가 아닐 거야.

사랑하는 가족들과 아웅다웅하고
함께 웃고 떠들고 밥을 먹는
일상의 순간이, 최고의 순간일지도 몰라.

° 포옹기도

우리의 호흡처럼 함께 하시는 하나님,

어쩌면 가장 소중한 것은

항상 함께 있는 것 같아요.


항상 함께 있어서

잘 모르지만

정말 소중하기 때문에

항상 함께 할 수 있게 해주신 거죠?


하나님도 우리 가족도

이렇게 곁에 있지만

정말정말 소중한 보물이라는 걸

잊지 않을게요.


이렇게 사랑할 수 있게

항상 함께일 수 있게 해주셔서 감사해요.


° 등굣길, 한마디 포옹기도

매일매일, 순간순간이 주님이 주신 최고의 선물임을 기억

하게 해주세요.

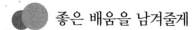

## 좋은 배움을 남겨줄게

가가와 도요히코 목사님은 어린 시절 아버지의 사랑을 받지 못하고 자랐어. 하나님을 온 인류의 아버지로 모실 수 있다는 기독교의 교리를 접하고 아버지의 사랑을 받을 수 있다는 사실에 기뻐하며 하나님을 믿게 되었지. 그리고 시간이 흘러 신학교에 입학하게 되었는데 신학교 3학년 때 결핵에 감염되어 더 이상 학교를 다닐 수 없게 되었어.

학교를 그만두고 깊은 산골에 들어갔는데 그 때 가네자와 교회의 나가오 목사님을 알게 되었지. 결핵 환자가 피를 토하면 사람들은 피하고 함께 있는 것도 꺼렸어. 그런데 나가오 목사님은 피를 닦아내고 밥을 차려 주었어. 게다가 함께 밥을 먹기까지 했지. 나가오 목사님의 자비로운 성품을 보면서 도요히코 목사님은 빈민을 위해 일하겠다고 다짐했어.

건강이 좋아지자 신학교에 다시 입학하고 공부를 마치고는 빈민촌에 들어가 빈민을 위해 일했지. 빈민들이 가장 고통스러워하는 것은 변비였어. 먹을 게 없으니 변이 잘 나오지 않았지. 항문에 변이 차돌처럼 굳어 있었어. 그러면 도요히코 목사님은 장갑을 끼고 손으로 변을 파냈지. 그래도 잘 되지 않으면 빈민들의 항문에 자신의 입을 대고 빨아서 침으로 녹여서 빼내 주었지.

그 사실을 알게된 일본 기자가 도요히코 목사님에게 물었어. "당신은 어떻게 그런 짓을 할 수 있습니까." 도요히코 목사님은 이렇게 대답했어. "저는 배운 대로 합니다. 제 선생님은 제가 토해낸 핏덩이를 닦아 주셨습니다. 그분이 하신 것에 비하면 이건 아무 것도 아닙니다."

"저는 배운 대로 합니다."
이 말이 가슴에 남네.

엄마도 너에게
좋은 배움을 남겨줘야 하겠다는 생각을 하니
조금 부끄러워 지기도 해.
노력할게,
너에게 좋은 배움을 많이 남겨줄 수 있도록.

° 포옹기도

하나님,
저는 하나님께 배운 사랑을 실천하고
하나님이 말씀하신 자비를 행하며
하나님께 배운 대로 하는 사람이고 싶어요.

아직 제 안에는 잘라내지 못한 가시가 많아서
아버지처럼 살기에는 많이 부족하지만
그래도 천국에 가는 그 날까지
아버지께 배운 대로 살도록 노력할게요.

많이 부끄러운 부모입니다.
하지만 점점 성장해서
저에게 배운 대로 아이가 살아가더라도
당당할 수 있었으면 좋겠습니다.

많이 부족한 부모입니다.
하지만 사랑하며 사는 모습을 보이며
가르치지 않아도 곁에서 보는 것만으로
좋은 교육이 되기를
그런 삶을 먼저 살아가는 부모이기를 바랍니다.

많이 노력할게요, 하나님.
당신의 그 선한 성품 닮을 수 있도록.


° 등굣길, 한마디 포옹기도

하나님의 성품을 닮고 하나님께 배운 대로 살게 해주세요.

## 포옹기도를 위한, 축복미션

아이를 방과 후에 만날 때,

들뜬 목소리로 환영해 주세요.
자신이 환영받는 사람이라는 느낌을 받으면
참 행복해지겠지요?

자신도 모르게 어깨가 쫙 펴질 거예요.

예) 오! 자랑스런 딸, 이제 왔어?
    와, 우리 자랑스러운 아들! 환영하고 축복해!

아이에게 문자를 보낼 때,


문자의 끝에 꼭 사랑한다는 말과 하트를 붙여주세요.
사랑은 꼭 표현해야 해요.
사랑 표현을 들은 아이의 얼굴은
반짝반짝 윤이 납니다.


　예) 학원 도착하면 문자해. 사랑해 ♥

　　엄마가 오늘 김밥 만들어줄게.  사랑해 ♥

3부

학업과 관계를 위한,
포옹기도

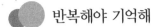

## 반복해야 기억해

자꾸 깜박 잊어버리거나 정말 기억해야 할 것이 기억 나지 않을 때 답답하지? 정말 머리가 나쁜가 싶기도 하고 말이야. 그런데 그렇게 생각하지 않아도 돼. 인 간은 원래 어떤 사실을 잘 잊어버리는 동물이거든.

독일의 심리학자인 헤르만 에빙하우스는 16년에 걸친 실험을 통해 사람이 얼마나 잘 잊어버리는 동물 인지 알아냈어. 에빙하우스의 연구에 의하면 인간은 지식을 습득한 후 10분이 지나면 바로 잊기 시작한 대. 그 속도도 무척 빨라 1시간이 지나면 50퍼센트를 잊고 하루가 지나면 약 70퍼센트를 잊고, 한 달 뒤에 는 약 80퍼센트 이상을 잊는대. 그러니까 우리가 잊 는 건 아주 당연한 거야.

그런데 정말 기억해야 하는 건 어떻게 하냐고? 하

루가 지나면서부터는 잊어버리는 속도가 조금 느려지니까 하루가 지나기 전에 한 번 더 그 사실을 뇌에 넣어주면 돼. 읽거나 듣거나 쓰면서 다시 한 번 기억하는 거지. 그리고 일주일이 지났을 때 한 번 더 읽고 2주째에 한 번 더, 마지막으로 4주째에 한 번 더 반복해서 기억하면 아주 오래 기억할 수 있어.

수업 시간에만 들어서

책을 한 번만 읽어서

기억이 나지 않는 거였네.


뭐든 노력이 필요한가 봐.

기억도 반복해야 유지할 수 있다니 말이야.


기억해야 하는 책과 공부라면

하루가 지나기 전에 반복해보자.

그러면 정말 좋겠다.

° 포옹기도

하나님 아버지,


아버지는 다 기억하시죠?
우리 아이가 태어나던 그 날부터
지금까지 다 알고 계시지요?


우리의 머리카락도 세시는 아버지시니
당연히 그럴 거예요.


그래서 저는 든든해요.
아버지의 사랑으로
안전하고 건강하게 자랄 것을 믿어요.


아버지의 완전한 계획에
우리 아이가 속해 있음을 믿어요.


그래서 불안하지 않습니다.
그래서 행복합니다.


° 등굣길, 한마디 포옹기도

우리 아이가 아버지의 계획하심을 믿고
당당히 나가기를 바랍니다.

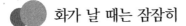
## 화가 날 때는 잠잠히

한 할머니는 손녀가 어렸을 때부터 당부를 했어. "나중에 결혼을 해서 남편이 널 화나게 하거든 싸우지 말고 조용히 인형을 만들어라. 가정이 화목해야 행복할 수 있단다." 손녀는 그 당부를 들을 때마다 할머니에게 대답했지. "알겠어요, 할머니. 그렇게 할게요."

그리고 세월이 흘러 손녀는 숙녀가 되어 결혼을 했지. 할머니는 이미 하늘나라로 가신 후였어. 손녀는 할머니의 당부를 마음에 새겼지. 그리고 정말 남편이 화나게 할 때마다 인형을 만들었어. 그리고 인형을 팔아 돈을 받으면 종이상자에 넣고 종이상자를 깊숙한 곳에 넣어두었지. 하루는 남편이 그 종이상자를 발견하고 무엇인지 물었지만 할머니는 나중에 가르쳐준다고 얼버무렸어.

또 세월이 흘러 손녀는 할머니가 되었지. 어느 날 남편에게 그 종이상자가에 뭐가 들었는지 궁금하냐고 물었어. 남편은 무척 궁금하다고 했지. 할머니는 빙그레 웃으며 종이상자를 열어 남편에게 보여주었어. 남편은 상자 안을 들여다보고 깜짝 놀랐지. 인형 2개와 함께 많은 돈이 들어있었거든. 이게 뭐냐고 묻자 할머니는 자신의 할머니가 해주었던 당부를 말해주었어. 남편은 고개를 끄덕거리며 그 당부를 지켜준 아내에게 감사했지. 할머니는 말했어. "우리 할머니 말씀을 듣기 잘했어요. 정말 인형을 만들다 보면 화가 누그러지고 당신이 이해되었어요."라고 말이야.

화가 나면 참기가 힘들지?
얼굴이 붉으락 푸르락해지기도 하고
방문을 쾅 닫고 들어가 앉아있기도 하지.

그런데 그럴 때 말이야.
묵묵히 인형을 만들던 할머니처럼
잠잠히 앉아서 되뇌어 보자.

"상대방의 입장이었다면 나도 그랬을지도 몰라.
그래, 그럴 수도 있지.
그래, 그럴 수도 있는 거야."라고 말이야.

° 포옹기도

하나님,

친구들과 만나다 보면

화 날 일이 종종 생겨요.


그럴 때는 마음에서 불이 나는 거 같아요.

빨리 불을 끄고 싶은데 마음대로 잘 안되요.


온유한 마음을 주시고

평화로운 마음을 주세요.


화 내기 전에 다시 한 번 생각하며

상대방을 이해할 수 있게 해주시고

너그러운 마음을 갖게 해주세요.


° 등굣길, 한마디 포옹기도

너그러운 마음으로 친구들을 이해하고

사랑할 수 있도록 해주세요.

## 진실은 밝혀져

일제강점기의 안동에 '김용환'이라는 아저씨가 살았
어. 으뜸가는 양반집의 자손이었던 아저씨는 아주 유
명했어. 공부를 잘 해서 유명했냐고? 아니야. 좋은 일
을 많이 했냐고? 아니야. 그 아저씨는 노름꾼으로 유
명했어. 돈이나 재산을 걸고 트럼프나 화투 따위를 써
서 내기하는 노름을 매우 열심히 했던 사람이지. 노
름으로 모든 재산을 잃었고, 심지어 딸이 시집갈 때
가져갈 장농을 사야 하는 돈도 다 가져가서 탕진했
지. 사람들은 아저씨를 손가락질하며 아주 나쁜 사람
이라고 말했지. 하지만 아저씨는 아랑곳하지 않고 여
전히 노름에 열중하다가 우리나라가 해방되고 다음
해인 1946년에 세상을 떠났어.

　그리고 아저씨는 다시 유명해졌지. 그렇게 열심히
노름을 한 사람이라서 그랬냐고? 아니야. 아저씨의 비

밀이 밝혀졌기 때문이야. 노름으로 탕진한 줄만 알았던 재산이 고스란히 보내진 곳이 따로 있었다는 거야. 그 곳이 어디냐고? 그곳은 만주의 독립군 기지였어. 그러니까 우리 독립군들에게 재산을 다 보냈던 거지. 일제의 감시를 피하기 위해 철저히 노름꾼으로 위장해 독립운동 자금을 지원한 거야.

아저씨가 어렸을 적에 아저씨의 할아버지가 사촌인 의병 대장을 숨겨줬다가 발각된 적이 있대. 그 때 일본군이 쳐들어와 할아버지를 집 마당에 무릎 꿇게 했었는데 그 모습을 아저씨가 목격한 거야. 아저씨는 큰 충격을 받고 빼앗긴 나라를 꼭 되찾아야 한다는 생각을 했지. 그리고 조국의 독립을 위해 평생 노름꾼이라는 누명을 쓴 거야. 아저씨가 세상을 떠나기 전에 친한 친구가 이제는 사실을 밝히자고 말했대. 하지만 아저씨는 "선비로 마땅히 할 일을 했을 뿐 아무런 말도 하지 말게."라고 했지. 그러나 결국 진실은 밝혀졌지. 광복 50주년이 되던 1995년 아저씨는 건국훈장을 받게 되었어.

억울할 때 있잖아.

진짜 나는 그러지 않았는데

사람들이 그랬다고 생각하거나

미처 변명할 시간도 없이

오해를 받을 때도 있잖아.


그런데 말이야.

진실은 꼭 밝혀지는 거 같아.


그 때 바로 밝혀지지 않아서 속상하지만

그래도 언젠가 진실은 꼭 사람들 마음에 닿게 되더라.


그러니까

너무 억울해하지마.

너무 많이 속상해하지마.


진실은 꼭 알맞은 시간에 밝혀질테니까.

° 포옹기도

하나님,
사람과 사람 사이에서
참 많은 일들이 일어나요.

그래서 많이 속상할 때도
억울할 때도 있어요.
다 설명할 수 없을 때 더 그렇죠.

하지만 하나님은
우리의 마음을 알고 계시니
괜찮습니다.

하나님께 위로를 받으며
계속 '진실'로 승부하고 싶어요.

거짓이 없이
정직하게 진실되게 살며
억울한 일이 생기더라도
진실의 힘을 믿고
훌훌 털고 일어나고 싶어요.


° 등굣길, 한마디 포옹기도

정직하고 진실된 사람이 되게 해주세요.

## 사이좋게

생떽쥐베리라는 작가가 쓴 『어린왕자』라는 동화가 있어. 그 동화는 1943년에 발표되었는데 지금까지도 많은 사랑을 받고 있지. 그 동화에는 참 멋지고 아름다운 말이 많이 나와있어. 그 중에서 오늘은 친구에 대한 이야기를 들려줄게.

그 동화에서 몇몇 별을 순례하고 지구에 온 어린왕자가 사막여우를 만나게 돼. 사막여우는 체구에 비해 귀가 크고 귀엽게 생겨서 언뜻 보면 강아지처럼 보이는 여우야. 몸 전체가 두껍고 부드러운 긴 털로 덮여 있으며 발바닥에도 털이 나 있지. 발바닥의 털로 인해 사막에서도 모래에 빠지지 않고 걸어다닐 수 있어. 동화 속 사막여우는 어린왕자에게 참 많은 이야기를 하는데 그 중에서 한 부분을 말해줄게.

어느 날 사막여우가 어린왕자에게 말했어. "만약 네가 나랑 사이좋게 지낸다면 나는 반짝거리는 하루를 보낼 수 있어. 오늘까지 들리던 발소리와는 다른 발소리를 듣게 될 거야. 다른 발소리가 들리면 난 구멍 밖으로 나올 거야. 그리고 저쪽을 봐. 저 건너편으로 보이는 보리밭이 보여? 나는 빵은 먹지 않아. 보리도 마찬가지야. 그러니까 보리밭을 보는 것만으로 아무런 생각도 하지 않아. 그런데 이상하게 저걸 보는 것만으로 먹먹해져. 네 금발머리는 너무 아름다워. 네가 나랑 사이좋게 지낸다면 나는 저걸 볼 때 아름답다고 생각할 거야. 금색 보리밭을 보는 것만으로도 네가 떠오를 거야. 게다가 보리밭에 부는 바람소리만 들려도 나는 설레는 기분이 들 거야."

친구를 만나고 사이좋게 지낸다는 건 말이야,
이렇게 다른 발소리를 듣게 되고
설레는 기분이 찾아오는
아주 특별한 일이야.


둘만 알고 있는
눈부신 보물을 발견하게 되는 일이기도 하지.


그 보물의 이름이 바로 '우정'이야.
바쁘고 분주한 하루하루지만
네가 그 보물을 잃지 않았으면 좋겠어.

° 포옹기도

우리 곁에 계시는 하나님,

우리 아이가 좋은 친구를 만나고

그 친구와 사이좋게 지내며

우정이라는 보물을 간직하게 해주세요.


친구들을 사랑하고

친구들에게 사랑받는 아이가 되게 해주세요.


무엇보다

우리 아이가 친구들에게 좋은 친구이기를 바랍니다.


° 등굣길, 한마디 포옹기도

친구들과 사이좋게 지내게 해주세요.

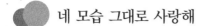

## 네 모습 그대로 사랑해

당나귀 한 마리가 있었어. 그 당나귀는 매일 중얼거렸어. "사자가 되고 싶어."라고 말이야. 당나귀는 사자가 부러웠거든. 언제나 동물의 왕이고 큰소리 한 번만으로 많은 동물들을 겁줄 수 있는 사자가 되고 싶었어.

그러던 어느 날 당나귀는 길을 가다 가 우연히 사자 가죽을 주웠어. 당나귀는 장난 삼아 그것을 뒤집어써 보았지. 이게 웬일이야? 사자 가죽을 뒤집어 썼을 뿐인데 진짜 사자처럼 보이는 거야. 당나귀는 마치 자기가 사자가 된 것 같은 생각이 들었어. 금방 우쭐해져서 여기저기 돌아다니며 큰 소리를 쳤지. "이 놈들! 나는 사자다. 내 말을 듣지 않으면 몽땅 잡아먹겠다." 그런데 동물들이 키득키득 웃으며 지나가는 거야. 당나귀는 마치 연극배우가 대사 연습을 하는 것처럼 계속 큰 소리를 쳤어. 사자의 말투를 떠올리면서 연습하면 금세 사자처럼 소리칠 수 있을 거라고 생각했거든.

그렇게 며칠이 지나고 당나귀는 목소리에 자신이 생겼어. 그래서 길을 가다가 만난 여우에게 소리쳤지. "이 놈, 버릇 없는 여우야! 너를 잡아먹겠다." 당나귀는 여우가 벌벌 떨며 도망칠 거라고 생각했어. 그런데 이게 웬일이야. 여우가 깔깔거리며 배를 잡고 웃는 거야. 당나귀는 당황했고 여우는 소리쳤어. "야, 이 멍청한 당나귀야. 네가 소리만 지르지 않았어도 난 너를 무서워했을 거야."

아무리 연습해도
당나귀가 사자의 목소리를 낼 수는
없었나 봐.

당나귀가 사자의 목소리를 낼 수 있었다면
당나귀는 더 행복해졌을까?

아닐 거야.
당나귀가 사자를 부러워하지 않고
자신의 모습 그대로를 사랑했다면
더 행복했을 거야.

° 포옹기도

우리를 지으신 하나님,
우리는 자주 남을 부러워한답니다.


키가 큰 사람을 보거나
부자인 사람을 보거나
힘이 센 사람을 볼 때 그렇지요.


하지만 우리를 우리 모습 이대로 지으신 것은
하나님의 뜻이 있겠지요.


모두 다른 모습인 것은
하나님이 한 명 한 명을 정성스럽게
빚으셨기 때문일 거예요.


다름에 감사하고
우리가 우리임에 감사합니다.


우리 아이가
자신의 모습 그대로를 사랑하고
감사하며 당당한 삶을 살기를 바랍니다.


° 등굣길, 한마디 포옹기도

하나님도 우리도 네 모습 그대로를 사랑하고 축복한단다.

## 환경은 소중해

'게릴라 가드닝'이란 말이 있어. 버려졌거나 누구도 돌보지 않는 땅을 가꾸는 일을 말해. 자신이 살고 있는 곳 주변의 짜투리 공간, 아스팔트나 보도블럭 사이의 틈, 쓰레기로 뒤덮인 곳 등에 식물을 심어서 아름답게 만드는 거야. 1960년대부터 시작되어 유럽에서는 활발히 이루어지고 있는 일종의 환경운동이야.

이 운동을 실천하는 사람들을 '게릴러 가드너'라고 해. 게릴라 가드너들은 그 구역을 아름답게 하고 싶다는 마음을 가지고 식물을 심어. 버려진 땅이라고 생각하고 식물을 심었는데 불쑥 나타나서는 그 땅의 주인이라며 식물을 심지 못하게 하는 사람도 있었지. 왜 꽃을 심냐며 항의하는 사람도 있었어. 하지만 대부분의 사람들은 기분이 좋아진다고 말했어. 게릴러 가드너가 되어서 식물을 심으며 행복해진다고 말하는 사람도 많았지. 쓰레기와 담배꽁초로 몸살을 앓던 땅에 꽃과 식물이 자라니 오가는 사람들도 당연히 기분이 좋아지겠지? 미국과 영국 등지에서 시작된 게릴라 가드닝은 현재 전세계 30개국으로 퍼져나갔어. 우리나라에서도 관심이 높아지고 있지.

환경은 우리에게 주어진 선물이야.

댓가를 치르지도 않았는데

우리가 즐기고 느낄 수 있잖아.


그런데 우리는

환경을 중요하게 생각하지 않고

함부로 다루는 경우가 많이 있어.


잊지 말자,

우리에게 주어진 선물인만큼

소중히 다뤄야 한다는 것을.

° 포옹기도

우리에게 환경을 선물해 주신 하나님,

꽃과 나무를 보면 참 신기해요.

어떻게 그렇게 아름답고 푸르게

자랄 수 있는지 말이에요.


환경에 따라 기분이 달라지는 것도 느껴요.

집 앞 골목이 더러우면 기분이 나빠지고

깨끗하면 기분이 좋아져요.


우리에게 주어진 환경에 감사하며

깨끗하게 가꾸고

꽃과 나무들이 자랄 수 있었으면 좋겠어요.


꽃과 나무들과

이렇게 좋은 환경을 주신 하나님께

진심으로 감사드려요.


° 등굣길, 한마디 포옹기도

좋은 환경을 주신 하나님께 감사합니다.

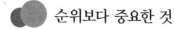

## 순위보다 중요한 것

2014년 우리나라 인천에서 아시안게임이 열렸어. 최선을 다해 경기에 임하는 우리나라 선수들을 보며 감사한 마음이 많이 들었어. 그 중에서 한 선수 이야기를 들려주려고 해.

여자 유도 78kg 이상급에 출전한 김은경 선수야. 김 선수는 4강에서 한판패를 당했어. 김 선수가 메달을 따기를 기대했던 사람들은 너무 가슴이 아팠지. 경기에 진 것이 가슴 아팠냐고? 응, 그렇지. 하지만 더 가슴 아픈 건 김 선수가 넘어지면서 오른쪽 어깨를 크게 다친 거야. 다시 경기를 뛰는 것조차 어려운 큰 부상이었거든. 많이 아쉬웠지. 다음 경기를 이기면 동메달을 딸 수 있었거든. 김 선수의 부상을 지켜 본 사람들은 동메달을 포기할 수 밖에 없겠다고 생각했어.

그런데 김 선수는 곧 그 예상을 뒤집는 행동을 했어. 진통제를 맞고 경기장에 다시 나타난 거야. 김 선수는 이를 악물고 싸웠어. 키르기스스탄 선수와 접전을 펼쳤지. 아픔을 참으면서 경기를 하고 있는 김은경 선수를 보며 관중들은 또 한 번 가슴이 아팠지. 눈물을 흘리는 사람도 있었어.

하지만 그 눈물은 금세 기쁨의 눈물로 바뀌었지. 경기 종료 직전 김 선수는 순식간에 상대를 쓰러뜨리며 1점을 따냈어. 경기장에는 함성과 환호가 울려퍼졌지. 그 1점으로 동메달을 따게 된 거야. 심판은 김 선수의 승리를 선언했. 김 선수는 그제서야 눈물을 쏟아냈지. 하지만 어깨 부상 때문에 옷을 여미기도 힘들었어. 대표팀 감독은 김 선수를 다독이며 옷매무새를 가다듬어 주었지. 김 선수는 동메달을 당당히 목에 걸었어. 사람들은 금메달보다 아름답게 빛나는 동메달이라고 말했지.

순위는 중요하지 않아.

얼마나 진심으로 노력했는지

얼마나 최선을 다했는지

스스로 당당할 만큼 애썼다면

순위와 상관없이 최고인 거야.


메달 색깔보다 중요한 건

땀의 분량인 거야.

° 포옹기도

우리에게 순위를 매기지 않는 하나님,

세상에서는 순위가 중요해요.

그래서 사람들은 일등을 하고 싶어하죠.


세상은

동메달보다는 은메달이

은메달보다는 금메달이 중요하다고 말해요.


하지만 하나님은 아시지요?

얼마나 진심으로 노력하고

하나님 보시기에 떳떳한 땀을 얼마나 많이 흘렸는지

하나님만은 아시지요?


하나님 보시기에 최선을 다하는 사람이 되기를 바랍니다.

진심으로 노력하는 사람이 되고 싶습니다.



° 등굣길, 한마디 포옹기도

삶의 순간순간에 최선을 다하는 사람이 되게 해주세요.

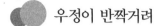

## 우정이 반짝거려

유관순 할머니 알지? 오늘은 유관순 할머니의 친구 이야기를 해줄게. 유관순 할머니와 어릴적 부터 소꿉 친구였던 남동순 할머니 이야기야.

남동순 할머니와 유관순 할머니는 함께 3·1 만세 운동을 하다가 붙잡혀 온갖 고문을 당했어. 두 사람 은 서로를 격려하며 모진 고문을 견뎠지. 그러다가 유 관순 할머니는 안타깝게 세상을 떠나고 말았지. 남동 순 할머니는 "내가 살아남은 건 관순이가 못다한 일 을 하라고 하늘이 내리신 명이야."라고 말했어.

그리고 친구의 몫까지 열심히 독립운동을 했지. 독 립군에 자금을 전달하고 정보를 수집하고, 무장투쟁 까지 마다하지 않았어. 친구가 못다 이룬 독립의 꿈 을 이룰 수 있다고 생각하니 하나도 무서울 게 없었지. 배고픈 건 말도 못했어. 먹을 것이 없어서 솔 이파리를 씹어 먹거나 불린 날콩을 주머니에 넣고 다니며 먹었지. 운 좋으면 배추를 뜯어 소금과 고춧가루 넣어 죽을 끓였어.

1945년 8월 15일, 일본에 **빼앗겼던** 나라의 주권을 다시 찾게 되었지. 남동순 할머니는 맨발로 뛰쳐나가 달려가면서 목이 터져라 만세를 불렀어. 할머니는 그 날을 회상하며 "내 나라, 아니 내 동무 관순이의 나라가 사무치게 자랑스러웠어."라고 말했지. 그렇게 꿈을 이룬 할머니는 1953년에 한미고아원을 세워 1,000여 명의 전쟁고아들을 돌보았어. 그리고 2007년 유관순 열사의 표준영정을 제작할 때 참여해서 얼굴, 생김새, 체형 등을 증언했어. 그렇게 끝까지 친구를 위해 애쓰다가 2010년 4월 3일 영원히 눈을 감으셨어.

마음을 알아주는 한 명의 친구만 있어도
그 인생은 성공한 거라는 말이 있어.

평생 친구를 생각했던 남동순 할머니의 우정은
정말 반짝거리지?

너의 인생에도
그렇게 빛나는 우정이 있었으면 좋겠어.

° 포옹기도

하나님,

학교에서 많은 시간을 함께 하는 친구가 있고
교회에서 함께 예배드리는 친구가 있지요.
또 어렸을 때부터 동네에서 함께 놀았던 친구도 있어요.

친구들을 보면
저절로 웃음이 날 때가 많아요.

그런 친구를 주셔서 참 감사해요.

평생 마음을 알아주는 친구와 함께
기뻐하고 감사할 수 있었으면 좋겠어요.

우리에게 친구는 참 힘이 되는 존재예요.
친구에게도 우리가 그런 존재였으면 좋겠어요.

저에게도, 우리 아이에게도
만남의 축복을 주셔서
천국에 가는 날까지
반짝거리는 우정을 지닐 수 있게 해주세요.

° 등굣길, 한마디 포옹기도

우리 아이에게 만남의 축복을 허락하여 주세요.

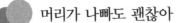

## 머리가 나빠도 괜찮아

스탠포드 대학의 사회심리학자인 캐롤 드웩 교수가 실험을 했어. 뉴욕의 초등학생들 중의 한 그룹을 정해 그들에게 아주 쉬운 시험문제를 풀게 했지. 그리고 점수가 나왔을 때 정확히 절반의 아이들에게는 "너, 참 똑똑하구나."라고 지능에 대한 칭찬을 했어. 그리고 나머지 절반의 아이들에게는 "너, 참 애썼구나."라며 노력에 대한 칭찬을 해주었지.

그 다음에는 쉬운 시험과 어려운 시험이 있다며 아이들에게 스스로 고를 수 있는 기회를 줬지. 첫 번째 시험에서 노력에 대한 칭찬을 받은 아이들의 90%는 어려운 시험을 골랐어. 지능에 대한 칭찬을 받은 아이들은 거의 대부분이 쉬운 시험을 골랐지.

그리고 세 번째 시험은 모두에게 똑같이 아주 어려

운 시험을 풀게 했어. 노력에 대해 칭찬을 받은 아이들은 어려운 문제를 반겼고 굉장히 깊이있게 몰두했어. 하지만 지능에 대해 칭찬을 받은 아이들은 무척 힘들어했지.

이제 네 번째 마지막 시험. 이번 시험은 첫 번째 시험과 비슷한 수준의 쉬운 시험이었어. 결과는 또 나뉘었지. 노력에 대해 칭찬을 받은 아이들은 첫 번째 시험에 비해 성적이 30% 올라갔고, 지능에 대해 칭찬을 받은 아이들은 성적이 20% 떨어졌어. 이 실험은 다른 그룹의 아이들을 대상으로 6번 진행했는데 매번 똑같은 결과를 얻었어.

캐롤 드웩 교수는 이 실험 결과에 대해 말하며 지능에 대해 칭찬하는 건 옳지 않다고 말해. 자신의 지능이 원래 좋다고 생각한 아이들은 멍청해 보이지 않으려고 쉬운 시험만 선택하게 된대. 게다가 어려움이나 실패를 인정할 수 없어 주저앉아 버린대.

머리가 좋은 아이들이 부럽기도 해.
하지만 지능은 고정된 게 아니야.
스스로 발달시킬 수 있는 거야.


머리가 처음부터 좋은 사람보다
스스로 노력해서 좋아진 사람이
더 멋있지 않아?


머리가 나빠도 괜찮아.
우리에게는 노력할 수 있는
용기와 시간이 있으니까.

° 포옹기도

하나님,

제가 지혜로운 칭찬을 하게 해주세요.

타고난 지능이나 재능보다

노력에 대한 칭찬을 하게 해주세요.


우리 아이가

머리가 좋은 사람을 부러워 하지 않고

자신을 비교의 대상으로 삼지 않고

열심히 노력하는 사람이 되게 해주세요.


어려움이 닥쳐도 주저앉지 않고

실패 앞에서도 당당히 일어날 수 있게 해주세요.


자신의 가능성을 믿고

자신의 한계를 정하지 않으며

한 단계 한 단계 도약하는 사람이 되게 해주세요.


° 등굣길, 한마디 포옹기도

지능보다는 노력에 대한 칭찬을 받는 사람이

되게 해주세요.

## 진심은 통해

링컨에게는 '에드윈 스탠턴'이라는 적이 있었어. 스탠턴은 링컨을 무시하고 얕잡아보았지. 링컨이 변호사가 되었을 때 스탠턴은 당시 가장 유명한 변호사였어. 링컨은 지방에서 하찮은 사건만 맡는 별 볼일 없는 변호사였지.

한 번은 두 사람이 함께 사건을 맡게 되었어. 이 사실을 모르고 법정에 앉아 있던 스탠턴은 링컨을 보자마자 자리에서 벌떡 일어나 "저 따위 시골뜨기와 어떻게 같이 일을 하라는 겁니까?"라며 나가버렸어. 스탠턴은 이렇게 링컨을 얕잡아보고 무례하게 행동한 적이 한 두번이 아니었지.

그런데 세월이 흘러 대통령이 된 링컨은 내각을 구성하면서 가장 중요한 '국방부 장관' 자리에 스텐턴을

임명했어. 사람들은 이런 링컨의 결정에 놀랐어. 왜냐하면 링컨이 대통령에 당선되자 스탠턴은 '링컨이 대통령이 된 것은 국가적 재난'이라고 공격했거든. 주위 사람들이 다시 생각해보라고 말하자 링컨은 "나를 수백 번 무시해도 어떻습니까? 그는 사명감이 투철한 사람으로 국방부 장관을 하기에 충분합니다."라고 했어. 한 사람이 말했지. "그래도 스탠턴은 당신의 원수가 아닙니까? 원수를 없애버려야지요." 그 말에 링컨은 빙그레 웃으며 말했어. "저도 그렇게 생각합니다. 원수는 마음 속에서 없애버려야지요." 그것은 자신을 미워한다고 같이 미워하면 안 된다는 말이었어.

오랜 시간이 지나 스탠턴도 링컨의 진심을 알게 되었지. 링컨이 총에 맞아 숨을 거두었을 때 스탠턴은 링컨을 부둥켜안고 통곡하며 "여기 가장 위대한 사람이 누워있습니다."라고 말했어.

진심은 통해.

그 진심이 통할 때까지
시간이 오래 걸릴 수도 있겠지만
언젠가는 꼭 통해.

나를 미워하는 사람의 능력도 존중하며
나를 향한 미움을 일과 연결시키지 않는 것.

그런 사람이 진정한 리더가 아닐까?

걱정마, 진심은 꼭 통하니까.

° 포옹기도

사랑의 하나님.

가끔은 진심으로 대해도

잘 몰라주는 사람이 있습니다.


제 이야기를 함부로 하는 친구도 있고

사랑하려고 해도 정말 저를 미워하는 친구도 있습니다.

저도 그 친구의 이야기를 함부로 하고 싶고

저도 함부로 미워하고 싶습니다.


하지만 노력하겠습니다.

저를 미워하는 친구도 사랑할 수 있도록요.

그래서 그 친구가 저의 진심을 알아주는 날이

꼭 왔으면 좋겠습니다.


진심은 꼭 통한다는 사실을 믿습니다.


° 등굣길, 한마디 포옹기도

미움을 사랑으로 바꾸고, 진심의 힘을 믿는 사람이

되게 해주세요.

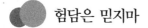

## 험담은 믿지마

아주 먼 옛날에 아주 충성스런 장군이 있었어. 임금님의 명령이 떨어지면 바로 순종했고, 혹시 적군이 임금님을 해칠까 봐 임금님을 가장 가까이에서 보호했지. 임금님은 그 장군을 아주 좋아했어. 충성스러울 뿐만 아니라 전쟁에 나갈 때마다 용감하게 싸워 이겨서 돌아오곤 했거든. 임금님은 그 장군만 보면 활짝 웃었고 장군도 임금님을 대할 때 항상 환한 표정이었지.

그런데 주위에서 그 모습을 지켜보는 다른 신하들은 항상 굳은 표정이었지. 질투 때문에 마음이 꽈배기처럼 꼬이는 거지, 뭐. 그 꽈배기가 마음에만 있었으면 그래도 다행인데 입 밖으로 툭 튀어나왔어. 아주 오래 꼬이다 보니 자신들도 모르는 사이에 밖으로 나온 거지, 뭐. 그래서 그 장군에게 밉살스런 말을 하고 그것도 모자라 임금님에게 거짓말로 장군이 나쁜 사람이라고 말했지. 사실은 임금님을 욕하는 사람이라고 말이야. 그 얘기를 듣고 버럭 화가 난 임금님은 장군을 없애버리라고 했어.

그런데 이 배배 꼬인 신하들은 임금님을 먼저 없애고 장군을 없애기로 했지. 그렇게 작전을 짜고 있는데 지나가던 장군이 그 얘기를 다 듣고 말았네. 장군은 신하들이 가기 전에 먼저 가서 몰래 숨어 있었어. 그리고 신하들이 몰려올 때 임금님을 보호하다가 칼에 맞고 말았어. 임금님은 쓰러진 장군을 붙잡고 슬피 울었지. 그리고 장군이 숨을 거둔 자리에서 꽃 한 송이가 피어났는데 그 꽃이 바로 맨드라미야. 그래서 맨드라미 꽃은 빨간 방패처럼 생겼어.

사람들이 전달한 험담은
그렇게 믿을 만한 사실이 아니야.

사람들은
누구든지 자신의 입장에서 얘기하기 마련이거든.

그리고 누군가의 험담을 하는 사람이면
어딘가에 가서 내 험담도 할 수 있는 사람이거든.

그래서
누군가의 얘기를 듣고 그것만 믿고
친구를 오해하는 일은 없어야 해.

° 포옹기도

하나님,

누군가가 질투 나서

이야기를 꾸며대거나

혼자만 사랑받고 싶어서

누군가를 미워하는 일은 없기를 바라요.


우리의 말 때문에 상처주는 일도

없었으면 좋겠어요.


특히

친구를 험담하거나

험담을 전달하는 일이 없기를

누군가의 이야기만 믿고

친구를 오해하는 일은 없기를 바라요.


우리의 입술을 주관해 주세요.


° 등굣길, 한마디 포옹기도

너의 입술에서 꽃처럼 향기 나는 말만 나갈 수 있기를

축복해.

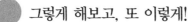

## 그렇게 해보고, 또 이렇게!

어떤 사람이 실험을 했어. 파리와 벌 중에 어떤 곤충이 더 영리한지 알아보기 위해서 말이야. 사실 벌이 파리보다 지능이 좋다고 알려져 있거든. 그 사실이 맞는지 실험해보기로 한 거야.

유리병을 가로로 눕혀 놓고 파리와 벌을 각각 다섯 마리씩 넣었어. 이 때 병의 바닥은 햇볕이 드는 창가를 향하고 있었지. 몇 분 지나지 않아 파리들은 병의 입구를 찾아냈어. 얼른 입구로 나가 탈출에 성공한 파리들은 하늘로 날아가 버렸어. 하지만 꿀벌들은 병의 바닥에서 헤어나오지 못했지. 바닥에서 출구를 찾았는데, 출구는 없었어. 그러면 파리들처럼 입구로 향하면 될텐데 이상하게 바닥에서만 있었지. 왜냐하면 벌들은 빛이 비치는 밝은 곳에 출구가 있다고 생각했기 때문이야. 그리고 하루가 지나도록 그 생각을 바꾸지 않았지. 그런 생각을 선입견이라고 하는데, 벌들은 선입견을 깨지 못한 거야. 어쩌면 벌이 파리보다 지능이 좋다는 건 사실일지도 몰라. 하지만 병 안에 들었던 벌들은 선입견에 갇혀서 결국 병 밖으로 나오지 못했어.

선입견은
어떤 대상에 대하여 이미 마음속에 가지고 있는
고정적인 생각을 말해.

선입견이 도움이 될 때도 있지만
사실은 그렇지 않을 때가 더 많아.

선입견대로 시도해 보고 잘 되지 않는다면
다른 방향으로 생각해 보고 다시 시도해 봐야 해.

그렇게 해야 한다고 알고 있지만
이렇게 해볼 수도 있어야 하는 거야.

° 포옹기도

하나님,

여러가지 상황에서

때마다 다른 방법으로

우리를 만나주시고 깨닫게 해주시는 아버지,

감사합니다.


고정된 생각에서 벗어나

자유롭게 생각하고 궁리할 수 있기를 원합니다.


선입견의 틀에 갇혀서

자유로운 생각을 가두지 않도록 도와주세요.


위기의 순간이 닥칠 때

하나의 생각에 갇혀서

방법을 찾지 못하지 않도록

새로운 시도와 방법을 모색하는 사람이 되도록

도와주세요.


° 등굣길, 한마디 포옹기도

자유롭고 창의적인 생각을 할 수 있도록 축복해 주세요.

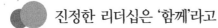

## 진정한 리더십은 '함께'라고

한 달 월급 130만 원, 개인 전 재산은 중고차 한 대가 전부인 대통령이 있어. 대통령이 맞냐고? 응, 맞아. 그는 우루과이 대통령 '호세 무히카'야. 사람들은 그를 가난한 대통령이라고 말하지만, 그는 아니라고 말하지. 자신은 간소한 삶을 선택했을 뿐, 가난한 건 아니라고 말이야.

그런데 정말 월급이 130만 원이냐고? 아니, 원래 월급은 1300만 원이야. 그런데 그는 월급의 10%인 130만 원만 가지고 생활하지. 나머지 90%는 극빈층을 위한 주택사업에 기부해. 정말 대단하지? 우루과이 시민들도 그렇게 생각하고 그를 좋아하지. 시민들은 "그는 우리의 대통령이 아니라 동지이고 친구예요. 그는 우리의 생활을 이해하고 우리와 함께 싸우고 우리와 함께 일합니다."라고 말해. 그는 정말 대통령이 아니라 시민들과 함께 살지만 시민들보다 좀 더 시민들을 생각하는 시민으로 보이지.

언젠가 우루과이에 큰 토네이도가 들이닥쳐서 많은 시민들의 집이 망가졌지. 그 때 그가 장비를 들고 집을 함께 고쳐주려고 찾아왔어. 지붕수리를 하다가 얼굴을 좀 다치기도 했지. 그는 말해. "저는 가난한 대통령이 아닙니다. 저는 제 인생을 이렇게 간소하게 살기로 결정했고 많은 것들을 소유하는데 시간을 낭비하고 싶지는 않아요. 이러한 삶이 주는 여유가 좋습니다."

이 이야기를 들으니

리더에 대해 생각해 보게 된다.

진정한 리더는

높은 사람이 아니라

함께하는 사람인 거 같아.


마치 이 이야기가 큰 소리로 말해주는 거 같아.

"진정한 리더십은 '함께'라고."

이렇게 말이야.

° 포옹기도

하나님,
우리 아이가 리더십을 갖고
진정한 리더로 설 수 있었으면 좋겠어요.

하지만 이 아이에게 주어진 은사가
'이끄는 자'가 아니라
'돕는 자'라면
제 욕심을 떠나
이 아이의 은사대로 쓰임 받기를 원합니다.

무엇이 되든
함께하는 마음은 잊지 않게 해주세요.

지위가 높은 사람이 아니라
높고 낮음에 상관없이 함께 하는 사람
어깨동무하고 함께 걸을 수 있는 사람
나란히 걷는 사람들이 주위에 많은 사람이게 해주세요.

무히카 대통령처럼
간소하지만 삶의 여유를 잃지 않는
사람이게 해주세요.


° 등굣길, 한마디 포옹기도

넌 혼자가 아니야. 너와 함께하고 널 사랑하는 사람들이
언제나 주위에 있다는 걸 잊지 않기를 축복해.

## 함부로 말하지 않기

어느 숲에 떡갈나무와 갈대가 함께 살았어. 바람이
불 때마다 떡갈나무는 갈대를 무시하고 비웃었지. 떡
갈나무는 바람이 불어와도 끄덕 없었거든. 하지만 갈
대는 가느다란 몸이 휘청거리며 곧 꺾일 것 같았지.
떡갈나무는 그 모습을 보며 "이런 약한 바람에도 흔
들리다니 더 강한 바람이 불어오면 어떻게 하려고 그
러냐."라며 놀려댔어. 그럴 때마다 갈대는 "난 맞서 싸
울 생각이 없는걸."이라고 말하며 미소를 지었지. 떡
갈나무는 "하하하! 나처럼 강하면 좋을 텐데 넌 너무
약해. 내가 부럽지?"라고 물었어. 갈대는 "아니, 하나
도 부럽지 않아. 난 맞서 싸울 생각이 없거든."이라고
말했어.

그러던 어느 날 거센 폭풍이 불어왔지. 갈대가 부
러졌냐고? 아니, 갈대가 아니고 떡갈나무가 부러졌지

뭐야. 떡갈나무는 엉엉 울면서 "난 절대 안 부러질 줄 알았는데 내 힘만 믿고 바람과 맞서다가 이렇게 되었어."라고 말했어. 그러다가 갈대를 쳐다보았는데, 갈대는 하나도 상하지 않고 멀쩡한 거야. 떡갈나무는 울음을 그치고 갈대에게 물었어. "너는 매일 휘청거리는데, 어떻게 부러지지 않니."라고 말이야. 갈대는 말했지. "나는 바람에 맞서 싸우고 싶지 않아서 비켜주거든. 난 약해서 휘청거린 게 아니라 바람이 지나가는 길을 내어주려고 그런 거야."

함부로 말하면 곧 후회할 일이 생겨.
언제나 겸손한 마음으로 말을 아끼고
혼자만 잘 되려고 하기보다는
주위를 돌아보아야 해.

누구에게나 배울 점이 있어.
친구에게 너보다 부족한 부분이 보인다면
먼저 생각해 봐.
너보다 더 나은 부분은 없는지 말이야.

부족한 부분을 헐뜯기보다는
더 나은 부분은 칭찬하는 사람이 되어야 해.

° 포옹기도

하나님,
친구의 장점보다는 단점이
먼저 보일 때가 있어요.

친구의 험담을 늘어놓는 친구들을 보면
좋지 않은 행동이라는 생각이 들면서도
저도 같은 마음으로 헐뜯을 때가 있어요.

하지만 앞으로는
쉽게 말하지 않고
함부로 말하지 않는 사람이 되도록 노력할게요.

험담보다는 칭찬을 많이 하고
친구의 부족한 부분이 보여도
입 밖으로 그 얘기를 꺼내지 않도록 노력할게요.

험담을 늘어놓고 싶은 마음이 생기면
오히려 그 친구를 위해 축복기도할 수 있는
넉넉한 마음을 갖도록 노력할게요.


° 등굣길, 한마디 포옹기도

험담을 멀리하고 칭찬을 가까이 하는 사람이 되기를
축복해.

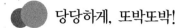

## 당당하게, 또박또박!

한 소년이 있었어. 그는 난독증을 앓고 있지. 난독증은 글을 읽을 수 없는 병이야. 소년은 글을 읽을 수 없어 초등학교에서 퇴학을 당했어. 소년은 우여곡절 끝에 고등학교 졸업을 하게 되었는데 졸업식 날 소년의 어머니는 그 동안의 설움을 표현하듯 엉엉 소리 내어 울었지. 난독증에 걸린 아들을 졸업시키기까지 어머니의 고통은 참 컸지.

하지만 소년은 어머니의 은혜에 보답하듯 대학교를 졸업하고 철강회사에 취직했어. 그것만으로도 참 대단한 일이었는데 그는 꿈을 포기하지 않았어. 그는 대학교 때부터 증권 거래에 흥미가 생겼고, 세계 금융의 중심지인 뉴욕 월스트리트에 가고 싶어 했지. 그는 마음에서 터져 나오는 꿈을 미루지 못하고 회사에 휴가를 낸 후 월스트리트를 기웃거렸어.

그 때 그의 앞에서 어느 신사가 "라가디아 공항으로 가야해. 늦었어."라고 말하며 택시를 잡았지. 그는 그 신사에게 월스트리트에 대해 질문을 하고 싶었어. 그래서 "라가디아 공항으로 가신다고요? 같은 방향인데 합승을 해도 될까요."라고 말하고 그 신사를 따라 무작정 택시에 합승했지.

그는 오후의 교통체증 속에서 한 시간이나 그 신사와 이야기를 나눌 수 있었어. 그는 당당하게 증권에 대해 물으며 이야기했어. 그는 어렸을 때부터 바보처럼 보이지 않기 위해 당당한 표정으로 말했거든. 그런 그가 목에 힘을 주고 증권에 대해 한 시간 동안 묻고 이야기하는 것은 그리 힘든 일이 아니었어. 그는 월스트리트에서 일할 기회를 얻었지. 그 신사가 대형 증권사의 임원이었거든. 그리고 그는 지금 국제 금융시장을 주도하는 기업 골드만 삭스의 사장인 게리 콘이야.

학교에서 궁금한 게 생기거든
당당하게 묻고, 또박또박 말해.

모르는 건 부끄러운 게 아니야.
알고 싶어하는 마음은 자랑스러운 마음이지.

그러니까
개미가 기어가는 소리로 말하지 않아도 돼.
그건 개미의 몫이지, 네 몫이 아니야.
네 몫은 당당하게, 또박또박 말하는 것!

그렇게 넌
하나씩 알아가며 멋지게 자라날 거야.
지금도 충분히 멋지지만 말이야.

° 포옹기도

하나님,
우리 아이가 지금도 얼마나 멋진지
깨닫게 해주세요.

자신이 얼마나 사랑스러운지
얼마나 괜찮은지
얼마나 아름다운지 알게 해주세요.

하나님이 정성스럽게 빚어
저희에게 주신 이렇게 큰 축복을
더 사랑할 수 있는
더 보듬을 수 있는 부모가 되겠습니다.

고맙습니다.
이렇게 멋진 아이를 저희에게 주셔서
참 많이 고맙습니다.

우리에게 아이가 축복인 것처럼
아이에게도 우리가 축복이기를 바라며
기도합니다.


° 등굣길, 한마디 포옹기도

오늘도 당당하게, 또박또박 말하며 하나씩 더 알아가는 기
쁨을 누리게 해주세요.

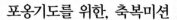

## 포옹기도를 위한, 축복미션

엄마나 아빠의 친구를 만날 때,
아이를 축복의 언어로 소개해 주세요.

축복의 언어는 단비와 같아요.
아이는 단비를 맞으며 더 푸르게 자라날 거예요.

예) 예쁘게 자라날 우리 딸이야.
  씩씩하고 용감하게 자라날 우리 아들이야.

한 달에 한 번 날짜를 정해서
자녀와 일대일 데이트를 하세요.

영화를 보거나, 연극을 보거나,
가까운 놀이터에 가거나 다 좋습니다.

엄마나 아빠의 사랑을 독차지하는 시간이
꼭 필요하답니다.

　주의) 데이트를 할 때, 공부나 학업에 대한 이야기는
　　　　하지 말아주세요.

## 4부

미래의 축복을 위한,
포옹기도

## 앞을 보자

코끼리가 사슬에 묶인 걸 본 적이 있어. 코끼리를 타는 체험을 할 수 있는 곳이나 동물원에서 말이야. 그런데 그런 모습을 볼 때 무지 신기하더라. 다 큰 코끼리의 몸무게는 약 5톤이야. 그런데 묶여 있는 거잖아. 그 무게라면 자신을 묶어놓은 사슬을 단번에 끊을 수 있을텐데 말이야. 그런데 왜 사슬에 묶인 채 살아갈까? 그게 참 궁금했지. 그래서 궁금증을 풀려고 코끼리에 대해 조사해봤는데 검색된 자료에서 금방 답을 알 수 있었어.

코끼리는 아주 어렸을 때부터 사슬에 묶여 있는 거야. 물론 처음에 묶였을 때는 사슬을 끊으려고 안간힘을 쓴대. 하지만 어렸을 때는 몸무게도 얼마 안 되고 힘도 없기 때문에 사슬을 끊을 수 없지. 그래서 결국은 포기하고 사슬에 묶인 채 살아가는 거야. 그리고 나중에 코끼리가 어른이 되어도 그 사슬을 끊을 수 없대. 아니, 끊지 않는 거지. 코끼리는 자신이 어렸을 때 일을 모조리 기억할 정도로 기억력이 좋거든. 자신의 기억에 그 사슬은 자신의 힘으로 끊을 수 없기 때문에 끊으려고 하지도 않는 거야.

좋은 기억도 있지만 나쁜 기억도 있지.
좋은 기억은 추억을 제공해 주지만
나쁜 기억은 포기를 만들어.

이전에 그랬으니까 안돼.
다시 할 수도 없을 거야.
나쁜 기억은 이런 말들을 속삭이지.

하지만 그런 말들은 믿지마.
이전에 그랬다고 앞으로 못하는 건 없어.
예전에 꼬마였다고 지금도 꼬마인 건
아닌 것처럼 말이야.

어른이 된 코끼리는 누가 묶은 게 아닌 거야.
그 기억 때문에 스스로 묶인 거지.

원래 안 되었다고 앞으로도 안되는 건
절대 없어.

자꾸 뒤를 돌아보지 말고 앞을 보자.
뒤에는 희미한 달빛만 보일지 몰라도
앞에는 따뜻한 햇빛이 쏟아질 테니까.

° 포옹기도

우리 아이를 위해 큰 계획을 품으신 아버지,

당신의 계획은

우리가 생각하는 것보다 훨씬 크고

우리가 예상할 수 없을 만큼 완벽함을 믿습니다.


그 계획 안에

우리 아이가 거하게 하시고

우리 아이의 꿈 안에

아버지의 마음이 녹아들 수 있기를

간절히 바랍니다.


나쁜 기억에 매어있지 않고

앞으로 비춰질 찬란한 빛을 보며

걸어갈 수 있도록 축복해 주시옵소서.


꼭 함께해 주시옵소서.


° 등굣길, 한마디 포옹기도

너의 앞은 찬란할 거야. 사랑하고 축복한다.

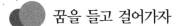

## 꿈을 들고 걸어가자

아프리카 케냐 나이로비의 빈민가에서는 수백 명이 공중화장실 하나를 함께 사용해. 하수시설도 길 중앙의 배수로뿐이야. 밤늦게 공중화장실에 가는 여성들과 아이들은 위험할 수 밖에 없어. 그래서 물을 조금만 먹고 화장실에 가고 싶은데도 참다가 병에 걸리기도 해.

그런 환경을 안타깝게 생각한 한 남자가 작은 봉지를 개발했어. 그 봉지의 이름은 '피푸'. 피푸는 일회용 변기야. 길쭉한 봉투 안에는 넓적한 봉지 하나가 더 들어가 있어 위생적이야. 봉지 아래에는 요소 분말이 있어 2~4주 안에 배설물 속 병균을 제거해 줘. 또한 피푸는 바이오 플라스틱으로 만들어져서 땅에 묻으면 배설물과 함께 자연스럽게 분해되어 거름이 되지.

이 작은 비닐봉지로 인해 빈민가의 삶이 바뀌었어. 여성들과 아이들은 밤늦게 화장실에 가지 않아도 되고 화장실에 가고 싶은데 참다가 생긴 질병도 사라졌지. 게다가 사람들의 일자리도 생겼어. 피푸를 판매하는 일, 봉지를 수거하는 일, 지역 농부에게 되파는 일 등을 가능하게 해주었어. 피푸를 만든 사람, 스웨덴의 건축가 '안데르 빌헬손'. 그는 작은 봉지에서 얻은 아이디어로 빈민가의 삶을 바꿔놓았어.

처음에는 아주 작은 생각이었어.
누군가는 보잘 것 없는 생각이라고 얘기하고
누군가는 그게 무슨 도움이 되겠냐고
핀잔을 주기도 했을 거야.

하지만
그 작은 생각이
빈민들에게 행복을 주었지.

작은 생각이 세상을 움직일 수 있어.
작은 생각에서 비롯된 꿈이 이루어질 수 있지.

하지만
이루어지는 날까지
노력하고 또 노력하고 또 노력해야 할 거야.

사랑하는 사람을 위해 선물을 샀더라도
자신이 가지고 있으면 소용이 없지.
상대방에게 전달하기 위해
그 선물을 들고 걸어가야 하는 것처럼
꿈도 그래.

꿈을 들고 걸어가자.

그 꿈이
자신의 미래와 닿고 사람들에게 닿고
세상에 전달될 때까지…….

° 포옹기도

하나님,
행하지 않는 믿음은 소용이 없는 것인데
그저 믿음을 가지고
아무 것도 하지 않을 때가 많지요.

꿈을 꿀 때가 많지만
그 꿈을 그저 꾸기만 하고
실현하려는 노력은 하나도 하지 않는 사람이 많아요.

어쩌면
저도 우리 아이도
그런 사람 중에 속해 있겠지요.

이제는 걸어가기를 원해요.
자신의 미래만 좋게 바꾸는 것이 아니라
사람들에게 닿아 행복을 주고
세상에 전해져 기쁨을 줄 수 있는
꿈을 꾸기를 원해요.

세상을 움직일 수 있는 작은 생각을 하게 하시고
그 생각이 행동으로 삶으로 드러나게 해주세요.

° 등굣길, 한마디 포옹기도

꿈을 통해 선한 영향력을 끼치는 사람이 되게 해주세요.

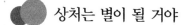

## 상처는 별이 될 거야

우리나라에 사람들은 몇 가지 직업을 가지면 성공을 했다고 말하지. 직업을 듣고 성공을 이야기하는 건 참 지혜롭지 못한 일인데도 말이야. 직업이 아무리 좋다고 해도 그 사람의 성품이 정말 이상하다면, 그 직업이 오직 자신만 위한 일이라면, 오직 돈을 벌기 위해서만 유지하고 있는 직업이라면 성공이라고 말할 수 없잖아. 하지만 우리는 그렇게 말하지. 그리고 그렇게 말하는 건 아주 오래된 일이라 쉽게 고쳐지지 않는 거 같아. 그게 참 안타까운 일이지.

그 몇 가지 직업 중에는 '의사'가 꼭 들어가. 의사는 좋은 직업이고, 돈을 많이 번다고 생각해. 그런데 의사인데도 돈을 벌지 못하고 수술할 때마다 빚이 생기는 사람이 있어. 몇 개월간 열심히 환자들을 수술해서 8억 원이 넘는 빚이 생겼지. 그는 아주 많이 다

쳐서 살 수 있는 가능성보다 금방 죽을 가능성이 더 많은 환자들을 치료하는 중증외상센터의 의사, 이국종 선생님이야. 선생님은 치료할 돈이 없는 환자도, 돌봐줄 사람이 없는 환자도 무조건 치료하고 수술해. 그리고 병원비는 자신이 내겠다고 하지. 병원에서는 떠돌아다니거나 병이 들었거나 간호해줄 사람이 없는 사람들을 치료하다 사망하면 그 치료 비용도 이국종 선생님의 이름을 적어둔대. 선생님이 돈을 내야 하는 거야. 선생님은 사람이 죽고 사는 건 신의 영역이지만 사람이 할 수 있는 바를 다 하고 싶다고 말해. 그리고 매일 죽어가는 환자를 살리려고 최선을 다하지.

그런데 선생님이 왜 의사가 되었는지 알아? 선생님의 아버지가 6·25 때 지뢰를 밟아 눈과 팔다리에 부상을 입어서 장애2급 국가유공자래. 그런 아버지랑 살면서 이 사회가 장애인들에게 얼마나 냉랭하고 비정한지 잘 알게 되었지. 그래서 의대에 가고 어려운 환자들을 위해 피땀을 흘리게 된 거야.

장애인 아버지를 두고
아버지가 사회에서 소외받는 느낌을 받는다는 건
그런 모습을 보고 살았다는 건
큰 상처였을 거야.

그 상처를 안고 산다고 해도
그 누구도 뭐라 하지 못할 거야.

하지만 선생님은
그 상처를 별이 되게 했어.

자신의 상처로 만들어진 별을 가지고
사람들을 빛나게 하고 있지.

상처는 아프지만
그 아픔으로 다른 아픈 사람들을
보듬고 감쌀 수 있는 별을 가질 수 있다면
참 행복할 거야.

° 포옹기도

우리를 세상에 보내신 하나님,
세상에서 살다보면
상처받을 일도
아픈 일도 너무 많지만
그 상처 안에서 웅크리고 있기보다는
그 상처마저 내려놓고
다시 걷는 사람이 되고 싶습니다.

상처 때문에
일을 그르치지 않고
나만 이해받아야 한다며
떼쓰지 않고
오직 주의 길을 걷는 사람이고 싶습니다.

상처가 별이 되게 하시고
그 이전에
상처가 별이 된다는 걸 깨닫고
천천히 다시 나아가며,
같은 상처가 있는 사람들을 보듬을 수 있는
사람이 되고 싶습니다.

° 등굣길, 한마디 포옹기도
상처를 딛고 꿈꾸는 사람이 되게 하옵소서.

## 지금의 네가 누군가에게는 꿈이야

2014년 6월에 유튜브에 한 영상이 올라왔어. '켄지와 아버지의 춤'이라는 제목의 그 영상은 이틀 만에 25만 번 재생되었어. 영상에서 켄지는 열 두 살 짜리 여자아이가 등장해. 그 아이는 예쁜 드레스를 입고 아버지가 끄는 휠체어를 타고 무대에 오르지. 음악이 흐르고 켄지의 아버지가 나와 딸을 태운 휠체어를 이리저리 움직이며 춤을 춰. 노래 중반부쯤에는 켄지를 휠체어에서 들어 올리고 왈츠를 추지. 관객석에서는 박수와 환호가 터져 나오고 켄지는 환한 미소로 무대를 즐겨. 아버지도 연신 행복한 표정으로 켄지와 춤을 추다가 켄지의 볼에 뽀뽀를 하고 무대를 마무리해.

그렇게 켄지는 소원을 이룬 거야. 켄지는 예쁜 드레스를 입고 무대에서 춤을 추는 것이 소원이었거든. 켄지는 '미토콘드리아 근병증'이라는 희귀질환을 앓고 있는데 이 병 때문에 몸 세포가 공격당하고 특히 뇌와 심장, 호흡기관의 고통이 심해. 켄지는 두 살 되기 전에 병을 진단받았고 고통 중에서도 긍정적인 마음을 잃지 않았지. 하지만 어느 순간부터 휠체어에 의지해야 했고 다른 친구들처럼 뛰면서 놀고 춤을 추며 즐거워하는 일은 힘들어졌지. 그래서 그런 소원이 생긴 거야. 그리고 이룰 수 없을 것 같은 소원이 이루어진 날 켄지는 하늘을 나는 것처럼 기뻤겠지?

우리가 지금 아무렇지도 않게
하고 있는 것.

걷거나 뛰거나
춤을 추거나 말을 하는 것.

그것이 누군가에게는
정말 꼭 이루고 싶은 꿈이고 소원이야.

할 수 없는 걸 생각하지 말고
할 수 있는 걸 생각해 봐.

그럼 정말 감사한 일이 많을 거야.

° 포옹기도

항상 우리를 생각해 주시는 주님,

우리에게 주신 축복이 얼마나 많은지

우리는 미처 생각하지 못했어요.


자꾸 입에서 불평이 나오기도 했어요.

자꾸 할 수 없는 것을 떠올리곤 했으니까요.

하지만 우리가 이렇게 이야기를 나눌 수 있는 것도

누군가에게는 꿈이겠죠?


켄지처럼 밝고 긍정적인 생각으로

감사하며 살 수 있게 해주세요.


오늘도 감사합니다, 아버지.


° 등굣길, 한마디 포옹기도

할 수 있는 것을 생각하며 감사하게 해주세요.

## 넌 이 나라의 미래야

안젤리나 졸리라는 여배우가 있어. 그녀는 할리우드에서 활동하는 최고의 여배우지. 돈도 아주 많이 벌었지. 어느 경제전문잡지에 따르면 2013년 할리우드 여배우 중 가장 많은 수입을 올린 사람이래. 그녀는 많이 버는 만큼 잘 쓰는 것으로 유명해. 그녀는 돈을 쓰는데 규칙을 가지고 있거든. 그 규칙은 '3분의 1 규칙'이야. 수입의 3분의 1은 쓰고, 3분의 1은 남한테 주고, 3분의 1은 저축을 하는 거지. 남한테 주는 건 기부를 말해. 그녀가 지금까지 각종 사회단체에 기부한 액수가 수천억 원에 달한대.

그런데 그저 돈을 내고 끝나는 것이 아니라 직접 여러 나라를 다니며 구호 활동을 하고 있지. 르완다, 탄자니아, 캄보디아 등 30여 개국을 다니며 난민들을 도왔어. 내전 중인 시리아를 찾아가 시리아와 시리아

주변국이 닥친 위기를 미국의 세계적인 뉴스채널인 CNN 네트워크를 통해 전달하기도 했지. 이 같은 공로를 인정받아 UN 기자단으로부터 '세계시민상'을 받기도 했고 2005년에는 유엔 글로벌 인권상을, 2013년에는 '진 허슐트 인도주의상'도 수상했어.

그녀는 특히 아이들을 향한 마음이 뜨거워서 아프간에 학교를 세우기도 하고 난민구호단체와 아동보호단체를 지원하고 있어. 그런데 그녀가 왜 아이들을 더 많이 돕는지 알아? 아이들이 불쌍해서? 아니래. 아이들이 그 나라의 미래이기 때문에 돕는 거래.

"아가야,

네가 불쌍해서가 아니라 이 나라의 미래이기 때문에

너에게 도움이 필요한 거야."

안젤리나 졸리가 구호활동을 하다가

한 아이에게 건넨 말이야.


우리도 손을 내밀어

어려운 이웃의 손을 잡는 사람이 되자.

그들의 형편이 어려워서 돕는 게 아니라

그들도 그 나라의 미래일테니까.


그리고 잊지 마.

너도

우리나라의 미래라는 걸.

° 포옹기도

　우리의 미래를 주관하시는 하나님,


　자신이 이 나라의 미래라는 걸,

　또한 하나님나라의 미래라는 걸,

　아이가 잊지 않게 하옵소서.


　또한 아이와 함께 미래가 되는

　이 땅의 아이들을 품고

　그들을 돕고 나누며

　손잡고 어깨동무하는

　그리스도인으로 살도록 하옵소서.


　당신이 주관하시는 미래를

　기대하고 기다리며 기도하는

　비전의 사람이기를 바라며

　기도 드립니다.



° 등굣길, 한마디 포옹기도

　네가 이 땅의 미래라는 걸 잊지 마.

　예수님의 이름으로 축복한다.

## 꿈을 좇을 용기가 필요해

에디오피아의 마라톤 선수, 아베베 비킬라는 '맨발의
아베베'라고 불리었어. 그는 처음으로 출전하게 된 마
라톤 경기에 맨발로 출전했거든. 왜 맨발이었냐고? 신
발이 없었기 때문이야. 아마 대표 선수였다면 경기에
출전하기 전에 신발을 마련해줄 수도 있었을 거야. 하
지만 그는 대표 선수가 아니었어. 그는 대표 선수가
축구를 하다가 발목이 부러지는 사고를 당해서 코치
의 긴급 호출을 받고 참여하게 된 대타 선수였지. 풀
코스 완주 경험도 고작 두 번 밖에 없던 선수였지만
그는 자신에게 온 기회를 놓치고 싶지 않았어. 그래서
평소처럼 맨발로 출전하기로 마음 먹었지. 한 켤레의
런닝화 밖에 없었던 그는 출전을 꿈꾸며 고된 훈련을
했어. 그러다가 런닝화가 다 닳아서 맨발로 훈련을 할
수 밖에 없었지.

1960년 로마올림픽, 그가 뛰는 모습을 보면서 사람들은 두 번 놀랐어. 첫 번째는 그가 사람들이 전혀 모르는 무명의 흑인 주자였기 때문이고, 두 번째는 그가 우승을 했기 때문이지. 그는 흑인 최초 마라톤 우승이라는 신화를 만들어냈어.

그리고 4년 뒤 그가 올림픽 마라톤 경주에서 얼굴을 드러냈을 때 사람들은 그를 기억했지. 그는 더 이상 무명 주자가 아니었어. 맨발도 아니었어. 유명 브랜드에서 협찬을 받아 좋은 신발을 신고 있었거든. 하지만 많은 사람들은 그를 '맨발의 아베베'라 부르며 그의 우승을 기대했지. 하지만 올림픽 역사상 마라톤 2연패를 달성한 선수는 없었기에 조직위원회는 에디오피아 국가를 아예 준비할 생각도 하지 않았어. 게다가 그는 몇 주 전에 맹장수술을 하느라 훈련도 제대로 하지 못한 상태였기 때문에 아무도 그를 우승 후보로 예상하지 않았어. 하지만 사람들의 예상은 정확하게 빗나갔어. 그는 또 한 번 금메달을 목에 걸었거든. 그것도 세계 신기록을 3분이나 앞당기면서 말이야.

아베베가 만약 꿈만 꾸고
기회가 왔을 때 용기를 내지 않았다면
신발이 없다고 고개를 푹 숙이고
한 숨만 내쉬고 있었다면
그는 여전히 무명의 흑인 주자였을 거야.

하지만 그는 자신이 처한 상황과 상관없이
용기를 냈어. 그리고 해냈어.

모든 꿈이 이루어질 수 있다.
단, 그 꿈을 좇을 용기가 있어야 한다.
'미키마우스' 등 유명한 애니메이션을 많이 만든
월트 디즈니가 한 말이야.

° 포옹기도

사랑의 하나님,

주 안에서 꿈을 꾸면

반드시 이룰 수 있다고 믿어요.


하지만

우리의 생각으로 상황을 고민하고

주저하며 생각만 하고 있다면

절대 이루어질 수 없을 거예요.


어떤 상황에서도

주의 손을 굳게 잡게 해주세요.

그리고 손을 잡는 데서 그치는 게 아니라

벌떡 일어나서 걸어가는 용기를 주세요.


꿈을 꾸는 것과 동시에

꿈을 좇을 용기가 있어야 하니까요.



° 등굣길, 한마디 포옹기도

꿈을 꾸고 그것을 향해 나아가는 용기가 있기를 원합니다.

## 도전정신

저번에 이야기해 주었던 '맨발의 아베베', 기억하지? 그가 두 번 연속 우승을 하고 세 번째는 어떻게 되었는지 궁금하지? 그 때의 사람들도 그랬어. 그가 과연 세 번째 우승을 할 수 있을지 궁금해하며 기대했지. 하지만 그는 그 기대에 미치지 못했어. 다리 골절로 경기를 포기해야 했거든. 하지만 그는 다음 올림픽을 기대하며 열심히 연습했어. 그에게 포기란 없었으니까.

그런데 그의 삶은 그의 의지와 관계없이 포기를 향해 가고 있었어. 빗길에서 교통사고를 당해 하반신 마비 판정을 받게 되었거든. 그를 지켜 본 사람들은 안타까워했고 그는 점점 사람들의 기억에서 잊혀지고 있었어. 사람들은 그의 선수 인생이 끝난 거라고 말했지.

하지만 그렇게 생각하지 않았던 단 한 사람이 있었어. 바로 그 자신이었지. 그는 "다리로는 더 달릴 수 없지만 아직 두 팔은 쓸 수 있다."라고 말했어. 그리고 그는 휠체어를 타고 장애인 올림픽대회 '눈썰매 크로스컨트리'에 참가했지. 그것 뿐만 아니라 탁구채를 쥐기도, 활시위를 당기기도 했어. 그리고 그는 눈썰매 크로스컨트리, 탁구, 양궁…… 이렇게 무려 세 종목에서 금메달을 따냈어. 그리고 몇 년 후 그는 교통사고로 인해 영원히 눈을 감았지. 그의 장례식에는 무려 7만 명이 넘는 에디오피아인들이 몰려들었어.

다른 사람이라면 어땠을까?
아마 휠체어에 탄 순간부터
'포기'라는 글자를 마음에 새기고
살 수도 있었을 거야.

하지만 아베베는 도전했어.
'나는 다만 달릴 뿐이다'라는 그의 명언처럼
그의 도전에 장애란 없었지.
두 다리로 열심히 달렸고
두 다리를 움직일 수 없게 되었을 때는
휠체어를 타고 열심히 달렸어.

그 어떤 문제도
그 어떤 장애도
그의 도전정신을 막을 수 없었어.

° 포옹기도

할 수 있다고 말씀하신 하나님,

우리는 하나님의 말씀을 기억하고 있으면서도

우리 마음대로 할 수 없다고 생각할 때가

참 많습니다.


어떤 장애물이 우리 앞에 놓이면

그 장애물 앞에서 환하게 웃으며

할 수 있다고 말씀하시는 하나님은 보지 않고

그 장애물만 보고 있을 때가 많지요.


하지만

장애물 너머에 하나님이 계시니

뛰어 넘기만 하면 된다고

어떻게든 뛰어 넘을 수 있다고 생각하고 싶습니다.


우리의 생각을 주관해 주세요.


° 등꽃길, 한마디 포옹기도

할 수 있다는 하나님의 말씀을 믿고 할 수 있게 해주세요.

## 모두가 꿈꿀 수 있어

지하철역 앞, 정류장 옆, 빨간 조끼를 입고 한 손에 잡지 든 분들을 본 적 있어? 요즈음 자주 눈에 띄는 그 분들은 도대체 누굴까? 그 분들은 '꿈을 꾸는 사람들'이야. 무슨 꿈을 꾸냐고? 사실은 집이 없이 길거리에서 잠을 자는 노숙인들인데 그들이 그 잡지를 통해 꿈을 꾸거든. 그 잡지는 노숙자들이 스스로 생활할 수 있도록 도움을 주기 위해 만들어진 잡지야. 정식 판매원이 되면 첫 한 달간 숙소비를 무료로 내주고, 그 다음 달부터는 잡지를 팔아 마련한 돈으로 주거를 유지할 수 있지. 이렇게 꾸준히 잡지를 판매하면서 노력하는 모습을 모이면 임대주택 입주자격을 주는 등 여러 가지 혜택이 주어져.

하지만 쉬운 일은 아니야. 잡지 판매를 위해서는 규칙이 있어. 정해진 장소에서만 판매한다. 판매하는 동안 당당한 자세로 항상 미소짓는다. 판매할 때에는 절대 술, 담배를 하지 않는다. 판매 중 시민들의 통행을 방해하지 않기 위해 구석자리에 위치한다. 하루 수익의 절반은 반드시 저축한다. 이런 규칙을 잘 지켜야 해. 물론 지금 거리의 빨간조끼 아저씨들은 이 규칙을 지키겠다고 다짐하신 분들이지.

많은 노숙인들이 이 프로그램을 통해 새로운 삶을 시작하고 있어. 그들은 새롭게 꿈꾸는 거야. 어떤 분은 커피숍 사장님이 되는 꿈을 꾸고, 어떤 분은 잡지사의 사장님이 되는 꿈을 꾸며 빨간 조끼를 입어. 그리고 그들의 꿈을 응원하기 위해 많은 스타들이 재능기부를 통해 잡지의 표지와 내용을 채워가고 있지. 길을 가다가 빨간 조끼를 입고 한 손에 잡지를 든 분들을 보게 될 거야. 그럼 눈살을 찌푸리지 말고 이상한 사람이라고 생각하지 말아줘. 그리고 친구가 궁금해하거든 말해줘. 그들은 꿈을 꾸는 사람들이라고.

꿈에는 계급도 없어.

높고 낮음이 없으니 누구나 꿈 꿀 수 있지.

꿈에는 나이가 없어.

아무리 어려도 꿈꿀 수 있어.


꿈은 돈과 상관없어.

돈이 많다고 꿈을 꾸는 게 아니고

돈이 없다고 꿈을 꾸지 못하는 게 아니야.


꿈을 꿀 수 있는 사람이 정해져 있지 않아.

누구나 꿈꿀 수 있어.

모두가 꿈꿀 수 있지.

° 포옹기도

　우리를 꿈꾸시는 하나님,
　오늘은 우리보다
　노숙인분들을 위해 기도하고 싶어요.

　집이 없어 떠돌며
　길에서 잠을 자는
　그 분들의 건강을 지켜주시고
　그 분들에게
　스스로 생활하고 싶어 하는 생각과 의지를 주세요.

　다리를 쭉 뻗고 누울 수 있는
　방 한 칸이 주어지게 하시고
　삶을 위해 땀을 흘리며 일하는 것이
　얼마나 행복한지 알게 해주세요.

　언제나 낮은 자리에서 일하시는 예수님이
　그 분들과 함께하고 있음을 믿습니다.

　모두 예수님 손 잡고
　하나님의 사랑과 자비를 깨닫게 해주세요.


° 등굣길, 한마디 포옹기도

　예수님처럼 낮은 자리의 사람들을 사랑하게 해주세요.

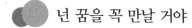 ## 넌 꿈을 꼭 만날 거야

매번 꿈이 없다고 말하는 고등학생이 있었어. 그는 숨쉬는 것도 귀찮은 것처럼 보였지. 그런데 얼마 전에 꿈이 생겼다며 꿈에 대해 발표를 하겠다고 말했어. 그 이야기를 들은 선생님은 믿을 수 없었지. 그리고 그에게 꿈에 대해 글을 써오라고 했어.

　며칠 후 그는 글을 써서 선생님께 내밀었지. '저는 재미있는 이야기를 좋아합니다. 그런 이야기를 들으면 저도 웃게 되고 행복해지기 때문입니다. 그리고 제가 재미있는 이야기보다 좋아하는 것이 있는데 그것은 '친구들'입니다. 저는 언제부터인지 제가 좋아하는 친구들에게 재미있는 이야기를 전달했습니다. 친구들은 제 이야기를 듣고 웃었습니다. 그 때 알았습니다. 저 혼자 웃는 것보다 친구와 함께 웃고 친구의 웃음소리를 들을 때 더 기분이 좋고 행복하다는 것을…… 그리고 그런 일이 반복되면서 저는 꿈을 갖게 되었습니다. 저는 재미있는 이야기를 더욱 재미있게 전달할 수 있는 개그맨이 되고 싶습니다.' 선생님은 그 글을 읽고 기쁨의 눈물을 흘렸어.

꿈은 네 삶의 어딘가에서
널 기다리고 있어.

하지만 그게 어디인지
정확하게 아는 사람은 없어.

하지만 그 고등학생이
친구들에게 재미있는 이야기를 건넬 때
기분이 좋은 자신을 발견하고
개그맨의 꿈을 만난 것처럼
너도 꼭 만날 거야.

지금 꿈이 있다면 꿈을 향해 나아가.
지금 꿈이 없다면 그래도 괜찮아.
넌 꼭 꿈을 만나게 될테니까.

° 포옹기도

사랑합니다, 나의 하나님.

오늘도 이렇게 기도할 수 있음에

감사합니다.


우리 아이를 향한 계획이

하나님께 있음을 느낍니다.

그것은 우리가 예상할 수도 없는

크고 놀라운 계획임을 믿습니다.


우리 아이가

당신의 계획 안에서 꿈꾸며

당신의 계획을 믿고 나아가기를 소망합니다.

믿고 의지합니다, 나의 예수님.



° 등굣길, 한마디 포옹기도

하나님의 타이밍으로 꿈을 만나고 실현하게 해주세요.

## 도움을 요청해

애플의 창업자 스티브 잡스가 12살 때의 일이야. 그는 전화번호부에서 '빌 휴렛'이라는 이름을 찾아서 전화를 걸었어. 빌 휴렛은 휴렛팩커드라는 회사의 대표였어. 스티브 잡스는 빌 휴렛이 전화를 받을 때까지 떨리는 마음으로 수화기를 들고 있었지. 그리고 드디어 빌 휴렛이 전화를 받았어. 스티브 잡스는 말했어. "안녕하세요. 저는 스티브 잡스입니다. 저는 12살이고, 고등학생인데요. 주파수 계수기를 만들고 싶어서 연락드렸어요. 혹시 남는 부품이 있으시면 저에게 주실 수 있나요?" 빌 휴렛은 웃으면서 주파수 계수기를 만들기 위한 부품을 보내주었어.

그 뿐만 아니라 그 해 여름에는 스티브 잡스가 휴렛 팩커드에서 일할 수 있도록 해줬어. 그 일도 주파수 계수기를 만드는 일이었지. 스티브 잡스는 뛸 듯이

기뻤고 내내 행복한 마음으로 일했지. 스티브 잡스가 어느 강연에서 말했어. "사람들 대부분은 전화를 하지 않는다. 사람들 대부분은 도움을 구하지 않는다. 그리고 그것이 바로 일을 성취하는 사람과 그런 일을 단지 꿈꾸기만 하는 사람의 차이다."

꿈을 이루다 보면

도움을 요청할 일이 생길 거야.

처음부터 혼자 잘 해낼 수는 없으니까.


그럴 때는 두려워하지 말고 도움을 요청해.

분명 도움을 받을 수 있을 거야.

만약 너처럼 빛나는 아이를 돕지 않는다면

그 사람의 손해지, 뭐.


두려워 하지마.

실패를 두려워한다면 멀리 갈 수 없어.

° 포옹기도

하나님,
하나님의 빛나는 보물
우리 아이를 위해 기도합니다.

많이 실패하더라도
다시 일어나는 사람이 되게 해주세요.

실패를 한 번도 하지 않는 것보다
실패를 딛고 일어서서
꿈을 이루어가는 사람이 되게 해주세요.

실패를 두려워하지 말고
멀리 나아갈 수 있기를 원합니다.

설레는 마음으로 도움을 요청할 수 있는
사람이 되게 해주세요.

스스로 질문하고 알아보고 행동하며
꿈을 향해 힘차게 나아가는 사람이 되게 해주세요.


° 등굣길, 한마디 포옹기도

실패를 두려워하지 않고 씩씩하게 나아가는 사람이
되게 해주세요.

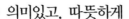 **의미있고, 따뜻하게**

야구경기가 시작할 때 시구를 해. 시구는 야구경기가 시작됨을 알리기 위하여 처음으로 공을 던지는 거야. 누가 던지냐고? 보통은 유명인이나 연예인이 던져. 그런데 특별한 경우도 있었지.

2014년 8월 부산 사직구장에서 진행되었던 시구였어. 시구를 위해 마운드에 올라온 사람은 유명인도 연예인도 아니었지. 그 사람은 사직구장을 청소하는 미화원 아주머니였어. 그녀가 시구를 하게 된 것은 한 여성 야구팬의 제보 때문이었어.

어느 날 야구 경기 중에 한 아이가 바지에 실례를 한 거야. 아이의 어머니는 아이를 데리고 부리나케 화장실로 가서 속옷을 버리고 바지만 빨아서 아이에게 입히려고 했어. 이 모습을 본 미화원 아주머니는 "아이에게 속옷 없이 바지를 바로 입히면 좋지 않다."고 말하며 대변이 묻은 속옷을 직접 빨아서 아이 어머니에게 건네 주었어. 아이 어머니는 감사한 마음에 이 사연을 그 날 경기를 치렀던 구단에 제보했고, 구단 측은 아이 어머니가 아주머니를 만날 수 있도록 해주었어. 아이 어머니는 아주머니에게 감사 인사를 전했지.

그리고 이 사연을 접한 팬들은 아주머니를 시구자로 추천했어. 구단 측은 이 사실을 아주머니에게 알리며 시구를 부탁했고 아주머니는 기쁜 마음으로 응했어. 아주머니는 평소 자신이 좋아하는 선수의 유니폼을 입고 시구를 했어.

참 의미있는 시구였을 거야.

직접 시구를 한 아주머니도

지켜보는 사람들도

마음이 참 따뜻해졌을 거야.


의미있는 일,

사람들을 따뜻하게 하는 일.


우리도 그런 일을 하는 사람이면 좋겠다.

° 포옹기도

하나님,
오늘은 따뜻한 마음으로 기도드립니다.

의미있는 일을 하는 사람들의 이야기를 들으면
마음이 참 따뜻해져요.
그리고 우리도 그렇게
사람들의 마음을 따뜻하게 하는
사람이 되었으면 좋겠어요.

바쁘게 지나가는 하루하루
우리에게 주어진 일을 하기에도
빠듯할 때가 많지만
그래도 그 속에서
조금은 천천히 살면서 의미를 찾고 싶어요.

의미를 찾고 행하며
따뜻하게 살고 싶어요.

예수님처럼, 그렇게 살고 싶어요.


° 등굣길, 한마디 포옹기도
의미있는 사람이 되도록, 사람을 따뜻하게 하는 사람이
되도록 축복해 주세요.

## 역경일까, 기회일까?

에이미 멀린스는 한 눈에 보아도 미인이야. 자신감이 묻어나는 표정과 아름다운 외모를 지닌 여성이지. 그녀는 육상선수이자 모델, 영화배우까지 겸하고 있어. 무엇 하나 부러울 것이 없어 보이는 사람이지. 그녀는 실제로 부러울 것 없이 행복해 보여. 그녀에게 두 다리가 없다는 것은 아무 문제가 되지 않지.

그래, 그녀는 두 다리가 없어. 그녀는 태어날 때부터 종아리뼈가 없었지. 그녀에게 의사는 말했어. "절대 걸을 수 없고 운동도 못할 것이며, 다른 사람의 도움 없이 살지 못할 겁니다. 다리를 그냥 두어 평생 휠체어 신세를 지거나 절단하여 의족을 끼워 넣어야만 합니다." 그녀의 부모는 그녀가 힘겹게라도 걷기를 바라는 마음으로 의사에게 두 다리를 절단하는 수술을 요청했어. 걸을 수만 있다면 좋겠다는 것이 부모의 마음이었지. 그런데 그녀는 그렇지 않았어. 당당하고 어엿한 운동선수가 되겠다며 두 의족으로 걷고 또 걸었지. 그리고 1996년 그녀는 신체적 장애가 있는 선수들이 참가하는 국제 스포츠 대회인 '패럴림픽'에 참가해서 육상부문 세계신기록을 세웠어.

사람들은 그녀를 보면서 궁금해하지. 어떻게 역경을 이겨내고 성공할 수 있었는지 말이야. 그런 질문을 받으면 에이미는 당당한 표정으로 말해. "역경이나 장애를 극복한다는 것은 저와는 맞지 않는 말입니다. 역경은 삶을 유지하기 위해서 피하거나 부정하거나 넘어서야 하는 장애물이 아닙니다. 역경이야말로 우리 자신에게 선물을 가져다 주기 때문이죠. 제 생각에 진짜 장애는 억눌린 마음입니다. 억눌려서 아무런 희망도 없는 마음이요. 누군가가 '역경'이라고 부르는 것을 누군가는 '기회'라고 부릅니다. 저에게 장애는 기회입니다." 라고 말이야.

우리가 이미 만났거나
앞으로 만날 어려움은
역경일까, 기회일까?
그건 우리 마음에 달려있어.
역경을 역경 그대로 바라보며
한 숨을 푹푹 쉴지
역경을 또다른 기회로 바라보며
개의치 않고 당당하게 나아갈지

그건
역경에게 달린 게 아니라
오직 네 마음에 달린 거야.

° 포옹기도

하나님,

어려움은 뛰어 넘어야 한다고 생각했어요.

역경이 닥치면 눈을 부릅뜨고

빨리 뛰어가 지나쳐야 한다고 생각했어요.


그런데 에이미의 이야기를 들으니

역경은 장애물이 아니라 기회였어요.


저에게 역경이 찾아오면

저도 에이미처럼 당당하게 역경과 함께 하며

저에게만 찾아 온 고마운 기회로

생각할 수 있었으면 좋겠어요.


환하게 빛이 드는 창가처럼 밝은 마음으로

역경을 받아들이게 해주세요.

그 역경을 통해

제가 더 단단해질 수 있기를 바라요.



° 등굣길, 한마디 포옹기도

오늘도 환하고 밝은 마음으로 살 수 있게 해주세요.

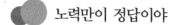

## 노력만이 정답이야

19세기 후반 새로운 작품이 나타났어. 바로 프랑스의 화가인 조르주 쇠라가 처음으로 시도한 '점묘법'으로 그린 그림이야. 그때까지만 해도 화가들은 팔레트 위에 여러 가지 물감을 섞어서 원하는 색을 만든 다음 그것을 캔버스 위에 칠했어. 팔레트 위에서 섞지 않고 여러 가지 색의 물감을 스케치북 위에 덮어서 칠하기도 했지. 그렇게 하면 여러가지 색깔을 표현할 수는 있지만 색깔이 탁해져. 쇠라는 이러한 단점을 없애고 어떻게 하면 조금 더 선명한 색을 얻을 수 있을까 고민했어. 그러다가 과학 이론을 접목한 '점묘법'을 개발하게 되었지. 점묘법으로 그림을 그리면 그림을 약간 떨어져서 보았을 때 색깔이 자연스럽게 섞인 것으로 보여.

쇠라가 27살에 점묘법으로 그린 〈그랑드자트 섬의

일요일 오후〉는 쇠라를 대표하는 작품이야. 파리의 센 강변에서 일요일 오후를 즐기는 시민들의 모습을 담은 그림이지. 이 작품은 당시 커다란 관심을 불러일으키며 그의 이름을 널리 알리는 계기가 되었지. 그런데 말이야, 이 그림은 무려 40번의 습작을 거쳐 꼬박 2년 동안 하나하나 점을 찍어서 완성한 거래.

유명한 사람의 이야기를 들으면
그 사람이 어느 순간 갑자기
유명해진 것처럼 생각되기도 하지?

그런데 사실은 그렇지 않아.
우리가 상상할 수도 없을 만큼 피나는 노력을 했어.

우리는 최소한의 노력으로 최고가 되고 싶어하지만
최고가 되려면 최대한의 노력을 해야 하는 거야.

노력만이 정답이야.

° 포옹기도

하나님,
어느 날 갑자기 눈을 뜨니 스타가 되었다는
말이 있습니다.

그런데 그 말은
순식간에 유명해졌다는 말이 아니지요.
유명해진 어느 날이 되기 이전에
피나는 노력을 했다는 말이에요.
피나는 노력을 하다보면
어느날 갑자기 꿈을 만날 수 있다는 사실을
말하고 있지요.

우리는 우리가 꿈을 만나는 시간이 언제인지 알지 못합니다.
오직 주님만이 아시겠지요.

하지만 그 시간을 모른다고
게으름을 피우는 것이 아니라
그 시간을 기대하며 부지런히 노력하고 싶어요.

하나님께서 지켜봐 주시고
그 마음을 잊었을 때는 기억나게 해주세요.
많이많이 노력할게요.


° 등굣길, 한마디 포옹기도

열심히 노력하며 꿈을 만나게 될 시간을 기대하게 해주세요.

## 꿈의 중심을 잡아

화가 김홍도의 그림 속에는 우리 나라 사람들의 모습이 꾸밈없이 담겨 있어. 소를 몰고 가는 시골 아이, 서당에서 회초리를 맞고 우는 꼬마, 사이 좋게 밭을 갈고 있는 형제……. 김홍도의 그림을 보는 사람들은 자신의 가족이나 이웃이 소재가 된 것 같아서 기분이 좋았어. 김홍도의 그림은 높은 사람들만 볼 수 있는 그림이 아니라 서민들이 공감할 수 있는 그림이었으니까.

그러나 모든 사람들이 김홍도의 그림을 좋아했던 건 아니야. 어떤 사람들은 김홍도의 그림을 흉보고 싶어했지. "너무 하찮은 그림 아니야?", "정말 그릴 게 없나 봐. 가난한 사람들의 생활을 그리는 걸 보면 말이야.", "재능이 없는 거 아니야? 그러니까 이렇게 평범한 그림을 그리는 거겠지." 이러면서 말이야.

물론 김홍도도 사람들이 이런 말을 하는 걸 알고 있었어. 그러나 김홍도는 흔들리지 않았어. 누가 뭐라고 해도 우리나라 화가는 우리의 모습을 그려야 한다고 생각했지. 그 시절에는 중국의 것을 으뜸으로 여겼거든. 그림도 중국의 그림을 흉내내서 그려야 으뜸이라고 말했어. 하지만 김홍도는 우리의 그림을 그리고 싶었지. 우리 나라 구석구석을 다니며 아름다운 자연과 백성들의 생활을 꾸밈없이 화폭에 담았어. 누가 뭐래도 자랑스러운 우리의 모습을 담아내고 싶었거든.

꿈의 중심이 있어야 해.
그 중심은 누가 뭐래도 흔들리지 않아야 하지.

잘못된 부분은 사람들의 조언을 듣고
고칠 수 있어야 하지만
자신이 처음부터 지키고 싶은 중심은
끝까지 지켜야 해.

네 꿈의 중심을 잃지마.
누가 뭐래도 네 생각이 맞아.

° 포옹기도

하나님,
세상의 꿈은
마치 순위가 있는 것 같아요.

어떤 직업은 좋고
어떤 직업은 나쁘고
어떤 꿈은 돈을 많이 벌고
어떤 꿈은 돈을 못 번다고
사람들은 말하거든요.

하지만
그런 세상의 기준과 상관없이 꿈꾸고 싶어요.

꿈의 중심을 잡고
그 중심만은 놓치지 않게 해주세요.

꿈의 중심을 잡을 때에는
세상의 기준과 상관없이
가치를 생각하게 해주세요.

돈보다는 가치를 좇는 사람이고 싶어요.


° 등굣길, 한마디 포옹기도

가치있는 삶을 살아갈 수 있기를 축복해 주세요.

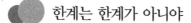

## 한계는 한계가 아니야

태어날 때부터 한 쪽 다리가 없었던 니코 칼라브리아는 어엿한 청년이 되었어. 그는 미국 출신의 아마추어 축구 선수야. 그는 한쪽 다리가 없을 뿐 두 다리가 멀쩡한 사람들보다 훨씬 더 몸을 잘 사용해. 운동을 향한 놀라운 열정을 가지고 열심히 연습을 했지. 축구뿐만 아니라 농구, 야구, 수영, 등산 등 여러가지 운동을 잘 하지.

니코 칼라브리아가 세상에 이름을 알린 계기는 '시저스 킥' 때문이야. 시저스 킥은 왼발과 오른발이 동시에 엇갈리면서 발리슛하는 동작을 말해. 일단 이 킥을 차기 위해서는 몸을 날리는 동시에 슛을 하는 타이밍과 정확하게 몸을 날릴 수 있는 균형감각이 필요해. 그런데 아마추어 축구 경기에 목발을 짚고 참가한 니코 칼라브리아가 그 킥을 성공한 거야. 사람들은 열광했고 니코 칼라브리아는 엄청난 스포트라이트를 받았지.

니코 칼라브리아의 꿈은 월드컵에 참가하는 거야. 그리고 그 꿈은 2014년 11월에 현실이 되었지. 멕시코에서 열리는 장애인 월드컵에 그가 미국 대표로 출전했거든. 자신의 한계를 극복한 그의 열정에 많은 사람들이 박수를 보내고 감동을 했어. 앞으로도 그의 멋진 킥을 볼 수 있는 경기가 많아졌으면 좋겠어.

누구에게나 한계는 있어.
그 한계는 불가능으로 다가오기도 하지.

하지만 한계를 불가능으로 만드는 건
사람의 생각이지, 사실이 아니야.

한계를 한계라고 생각하지 말고
열정을 갖고 도전해 봐.

그럼 한계는 불가능이 아니라
모든 걸 가능케 한 고마운 이유가 될 거야.

한계가 있기에 더 열심히, 더 최선을 다해
도전할 수 있을테니까.

° 포옹기도

　　하나님,
　　한계를 한계라고 생각하면
　　정말 많은 한계가 있는 것 같아요.

　　키가 작거나 살이 쪘거나
　　너무 말랐거나 시력이 나쁘거나
　　그 모든 것이 한계가 될 수 있죠.

　　하지만
　　한계를 한계로 정하지 않으면
　　모든 것이 가능해요.

　　키가 작아도 살이 쪄도
　　너무 말라도 시력이 나빠도
　　별 문제가 되지 않죠.

　　그것과 상관없이
　　열정과 도전 정신을 가지고
　　꿈을 향해 나아갈 수 있도록
　　축복해 주세요.


° 등굣길, 한마디 포옹기도

　　넌 모든 것이 가능한 아이라는 걸 꼭 기억하고
　　나아가기를 축복해.

## 포옹기도를 위한, 축복미션

가끔은 아이한테 책을 읽어달라고 하세요.
이야기를 들려달라고 하셔도 좋습니다.

그리고 아이처럼 경청해 주고
잘 들었다고 얘기해 주세요.
아이는 성취감과 뿌듯함을 느끼며 행복해할 거예요.

주의) 이야기하는 태도나 읽는 속도 등을
지적하거나 가르치지 마세요.
공부를 가르치는 시간이 아니라
이야기를 나누는 시간이니까요.

자신을 위한 하루를 보내세요.
큰 맘 먹고 자신의 옷과 책을 사고 산책을 하세요.
혼자 카페에 앉아 커피를 마셔도 좋습니다.

무엇이든 자신이 행복해질 만한 일을 하며
오직 자신만을 위한 하루를 보내세요.

엄마가 행복해야 아이가 행복합니다.
우리 먼저 행복해져야 해요.

주의) 남편과 아이에게 미안해하지 마세요.
남편과 아이의 물건은 사지 마세요.
오직 자신만을 위한 하루여야 해요.

# 엄마의 포옹기도

**초판 발행** 2023년 4월 24일

**지은이** 오선화
**펴낸이** 박지나
**펴낸곳** 도서출판 지우
**출판등록** 2021년 6월 10일 제399-2021-000036호
**이메일** jiwoopublisher@gmail.com
**인스타그램** instagram.com/jiwoopub
**페이스북** facebook.com/jiwoopub

**ISBN** 979-11-977440-4-4  03230

ⓒ 오선화

## 지우

겸손하고 선한 그리스도인들을 위한
좋은 책을 만듭니다.